道徳の授業が100倍面白くなる

道徳朗読劇の指導

小川信夫著

黎明書房

まえがき

かつての文部省資料作成部会で、いまは故人となられた元文化庁長官・河合隼雄先生と「児童生徒を直接参加させる道徳資料の開発」について話し合ったことがあった。先生は臨床心理の権威だった。以前、光村図書出版の道徳副読本の監修者をしておられたときから、「子どもを能動的に授業に参加させる工夫」を提案され、役割劇やそれらと関係の深いロールプレイ等について、「受身でない授業」として示唆を与えてくださっていた。

この発想のもとに構成されたのが「道徳資料としての朗読劇」である。これは子どもが直接参加する道徳の授業である。

アメリカではすでに「名作の読み聞かせ」の手法として、多くの図書館や学校、大学等で「リーダースシアター」と銘打って研究され実践されている。

日本でもこの朗読劇手法を使っての読み聞かせやドラマ化が盛んに行われるようになった。

道徳指導では資料が勝負である。しかし、読解力や時間の問題で資料が簡潔化され、子どもにとって魅力あるものにならないケースが多い。

そこで今回、次の観点に則して、今日、もっとも求められる「道徳資料集」として、本書を編集することになった。

①　朗読という体験的作業を通じた学びを実現する、全員参加型の朗読劇形式の授業をどのように立ち上げたらよいのか、そのための指導方法について述べる。

②　あわせて、その朗読劇形式の授業の効果を高めるための適正な資料を、ねらいに沿って掲載する。また参考例として、指導案も二編併記する。

全国の先生方の新たな実践として本書がお役に立つことを念じて止まない。

目次

目次

道徳朗読劇資料編

目次

目次

目次

この本の特色と使い方

◆朗読劇の魅力

最近、声に出して本を読んだり、その内容について語り合ったりする「朗読」を主体とした交流の会が各地で盛んに行われるようになった。ある親子の朗読劇の会に呼ばれた。宮澤賢治の「貝の火」や「よだかの星」、ふじたあさやの「さんしょう大夫」などのレパートリーを、「子どもと子ども」「大人と子ども」「大人（母親）と大人（母親）たち」という組み合わせで見事に朗読劇として演じ、参会者に深い感動を伝えていた。

朗読劇は表現活動と読解活動の両面をもちながら、観客（聞き手）のイメージに直接訴える説得の力をもっている。

舞台での動きや装置、衣装などの難しい手順もなく、手軽にできる朗読という表現形式を中心にして構成されており、深い内容をそのまま相手に伝える形式として注目されているのである。

◆道徳指導に朗読劇を取り上げる理由

① 今日の情報機器の発達は目を見張るものがある。その反面、体験的な言語生活の場面は急

速に萎《な》えている。そうした社会的現状の中で、子どもたちにどのようにして直接向かい合えるコミュニケーションとしての言語活動を経験させるか、その方法の一つとして取り上げたのが、この朗読劇の体験を取り込んだ道徳指導である。

今回の学習指導要領の改訂でも「児童（生徒）の発達の段階を考慮して、児童（生徒）の言語活動を充実する」ことが総則の中でもうたわれ、国語はもちろん、他の教科、特に道徳でもその生きた言語活動の充実が強く要望されている。

② 特に道徳指導の中心となる資料、とりわけ読み物等の資料については、「先人の伝記、自然、伝統と文化、スポーツなどを題材とし、児童（生徒）が感動を覚えるような魅力的な教材の開発や活用を通して、児童（生徒）の発達の段階や特性等を考慮した創意工夫ある指導を行うこと。」と「第3　指導計画の作成と内容の取扱い」で強調されている。

しかし、現実には問題が起こっている。指導時間の不足、児童・生徒の読解力の個人差などによって、道徳の時間の中心となる読み物が、簡単ですぐ理解できるものに限定されてきている。そのため授業の平板化や短絡化が進み、指導要領の要望とは逆に、道徳指導の魅力が子ども側から見て、薄れていく傾向がある。

このままではいけない。道徳指導を子どもにとってより魅力的なものにしなければならない。ここに、道徳指導に朗読劇を取り上げる理由がある。

◆道徳指導で使う朗読劇資料の特性

①　ここに掲載した道徳朗読劇資料の題材と内容は、小学校学習指導要領「第3章　道徳」の中の「第2　内容」（一九三頁参照）に沿って構成されている。

特に、物語の内容は「第3　指導計画の作成と内容の取扱い」の1―(3)「高学年においては、悩みや葛藤等の心の揺れ、人間関係の理解等の課題を積極的に取り上げ、自己の生き方についての考えを一層深められるよう指導を工夫すること。」に準拠して、ねらいを設定し、鋭角的な切り込みを工夫して構成している。

②　登場人物は「地の文」を読むナレーターと、役割をもって登場する人物によって構成され、物語は誰にでも分かりやすい「語り」の文体で劇的に組み立てられている。そのため演じる者にも聴く者にも、言語体験が表現と理解の一致をもって胸に迫り、内容がきわめて把握しやすくできている。

しかも道徳の授業では、この朗読劇を単に鑑賞の領域にとどめることなく、聞き手（学級の子どもたち）の理解の問題に反転させながら、道徳的価値を深める指導をすることができる。

◆授業で使う場合の配慮

①　**読み手の事前の練習がなぜ必要か**

従来の道徳指導のように、その場で読む者、演じる者を指名して、いきなり本番にかけるよりも、事前（前の日でも可）に一時間程度、役割を決めて、簡単な読み合わせの練習をしておくと効果的な授業になる。つまり資料の内容の簡単な説明をし、朗読のやり方を三回程度の本読みの時間をとってトレーニングしておく。

登場人物の心理や感情の流れなどを読み手がある程度把握し、音声中心の豊かな表現力を駆使して、教室の仲間に物語の内容を的確にイメージさせるためにも、伝える力が必要になる。

従来は道徳の時間での資料の読みは、児童・生徒一人ひとりの読みの作業であり、そのために読解の深さに個人差が生まれてくる。これを、集団の読み手の力を借りて一人ひとりが深く理解していけるようにする。それが道徳の時間の朗読劇の役割である。

仲間の音声化された読みで、より的確に内容を理解する。そのような言語環境をつくる役割を、朗読劇は担っているのである。それゆえ、伝える技量を互いに磨くための練習を事前に少しでも行っておけば、それだけ授業の効果が高められるのである。

② 事前の練習方法

事前の練習には、普通は五十分程度の時間があればよい。指導は次のような手順で行う。

① 作品について教師が簡単に説明する（資料や台本を配る）。
② 教師が台本全文を素読みし、難解な用語がないかや漢字の読みなどを確認する。
③ 教師が役を振り分ける（希望や推薦を考慮する）。
④ 間や語調、各場面の登場人物の感情、物語とのからみなど、教師が補助説明をしながら、

台本の読み合わせをする。

⑤　さらに気持ちを入れて台本を読む（本読み）。

⑥　朗読者の位置などを決めて、最終的に、本番を予想して台本を読む。

こうした指導の過程で児童・生徒は、最初とは見違えるような表現者に変わっていく。「仲間の心をゆさぶる読みをする。」この役割を与えられただけで子どもは変わる。私が数々の授業の実践から得た結論である。みんな表現したいという欲求をもっているのである。

この表現への意欲を朗読劇というチャンスを与えることで沸き立たせる。活性化された生き生きとしたことばの交換を主体とした道徳の授業が展開されるのである。

◆この本で取り上げている資料

①　伝記や伝承に題材をとって構成したもの

「母からの手紙」（野口英世と母の手紙より）

ねらい●理想の実現のためには大いなる展望と勇気をもって努力する。（理想の実現）

この題材は、親子の愛の交流（家庭愛）の面での取り上げ方もできる。しかし、ここでは英世の情への傾斜と医学者としての使命感との対立関係に重点を置き、ねらいに迫るように構成してある。

「稲むらの火」（文部省読本より）

ねらい●命がかけがえのないものであることを知り、自他の生命を尊重する。（生命尊重）

戦前、戦後を通じて名作として親しまれてきた読本の原文を、朗読劇の文体に一部アレンジして構成。実際に風水害や地震、津波等の自然災害が起こった場合の対応の問題も合わせて考えさせる内容になっている。

② **社会的視点に沿って構成したもの**

「自由への道」

ねらい●自由を大切にし、自律的で責任のある行動をとる。（自由と責任）

チェコスロバキアにおける自由への戦いを題材にした、文学的読み物としての価値をもった作品である。自由がどのような重い代償と引き換えに手に入れられてきたものかを改めて理解できる内容で、ドーデの名作「最後の授業」に通じる訴えをもった感動資料である。

「ある日、電車の中で」（新聞の投書に題材を得て構成したもの）

ねらい●誰に対しても思いやりの心をもち、相手の立場に立って親切にする。（思いやり）

日常目に触れる、通勤電車の中でのエピソードに基づいて構成され、思いやりとはどのような心くばりによって表されるものか、率直に考えさせるように構成されている。

③ **児童・生徒の生活体験に題材を求め構成したもの**

「クラスの向こうに」

ねらい●誰に対しても差別をしたり偏見をもったりすることなく、公平・公正にし、正義の実

現に努める。（公平・公正・正義の実現）

クラスの中に起こったいじめの問題に、真正面から取り組んだ作品。いじめを許すクラスの土壌とは何か、一人ひとりが深く考え合う内容に構成されている。

「千羽づる」

ねらい●誠実に明るい心で楽しく生活する。（誠実・明朗）

小さな嘘が次第にふくらみ、そのために仲間の心を裏切る。そのことによって自省の念にかられていく少女の心理を追っていく内容。この作品は四年生でも十分理解できる。

「うわさのメール」

ねらい●他人の意見に左右されず、誰に対しても公平な態度で接する。（公平・公正）

今日、社会的関心の高まる携帯電話やパソコンのメールの問題を題材にして、安易に情報を操作することがどのような結果を生むか、人権の問題と共に考えさせる内容。

「バトンは誰に」

ねらい●身近な集団に進んで参加し、自分の役割を自覚し、協力して責任を果たす。（集団の一員としての自覚）

体育祭でのクラス対抗リレーの選手をめぐる問題を取り上げ、個人と集団の利害について目を向けながら、新しい学級づくりへの参加の意義について考えさせる構成。

「ひろしのメモ帳」

ねらい●父母を敬愛し、家族は互いに協力し、幸せを求めて進んで役割を果たす。（家族愛）

家族愛の中でも特に兄弟の愛情に焦点を当て、改めて親を中心とした家族の愛情の問題を考えさせる内容。特に病弱な弟の兄に対する切ないまでの思いが、感動を伝える。

「友だちだから」

ねらい●互いに信頼し、学び合って友情を深め、男女仲良く協力し、助け合う。（信頼・友情）

ある秘密の事実を共有する二人の子ども。その心に秘められた誓いをめぐり、友情のきずなとその質を問う構成。今日ともすればあいまいになっていく「友情の質」に真正面から取り組み、考えさせる資料。

「窓のあるページ」

ねらい●公徳心をもって規則を守り、自他の権利を大切にし、進んで義務を果たす。（公徳心・公共心）

公共図書館に、共同研究の資料を探しにいった子どもたちが目にした、一部が切り取られた本のページ。そのため苦労して資料集めをする。その苦い経験を他人にさせないためにと、同じ本を他の図書館をめぐって探し出し、そのページをコピーして、新しい本が購入されるまでとりあえず使えるように、図書館の係の人と一緒に本を補修していく物語。子どもにとって身近な問題を通して公徳心とは何かを問う構成。

「失われた時間」

ねらい●基本的な生活習慣の乱れや気ままな風潮を見直し、節度のある生活を心がける。(基本的生活習慣の形成)

生活習慣の乱れからせっかく手に入れた選手の座を滑り落ちた中学生の女の子。いわゆる好ましい生活習慣をどうつくり上げればよいのかを、生理的な知識も織り混ぜて考えさせる内容。この資料は唯一、主人公に中学生を登場させている。主に中学校向けになっているが、小学校高学年でも取り上げることができる。

※注

以上の資料の中で、「うわさのメール」「友だちだから」については、末尾に実際の「指導案」を添付してある。参考にしてほしい。

◆道徳朗読劇を取り上げる学年

朗読劇を道徳資料として使用する場合、読み手と聞き手の関係の中でより効果的な授業が展開される。そのため、ある程度、イメージを自由に駆使して場面が想起できる学年が望ましい。

その意味から、**ここに掲載した朗読劇を資料として使う学年は五年生以上(「千羽づる」は四年生以上)が望ましい**。高学年に適当する物語の内容になっているのはそのためである。

読み手の表現上の技術や技能を考えても高学年が適している。また、高学年が「対立、葛藤が鮮明に出る」年齢であることも考慮しており、朗読劇はこの対立や葛藤を鋭角的に捉え、構成されている。

① ここに掲載した朗読劇は、授業の中では、十五分程度あれば朗読できるよう構成されている。

② 授業の展開は、朗読を中心に捉えて、ずばりねらいに迫るようにすると効果的である。従来からの「導入、展開、結末」の指導過程を、「強い印象をもった朗読劇の内容」に沿った指導過程に再構成して指導する手法を工夫してほしい。

③ **道徳指導における朗読劇とは、読み手と聞き手が一つの物語を挟んで対応し、その内容を共有することによって、感情や意志や考え方など、人間の生き方について、確認し合い、また心を結び付けていく、そのための言語化された資料であることを改めて強調したい。**

なお、各道徳朗読劇資料の「ねらい」に表示した「1—(4)」などは、新学習指導要領の「第3章　道徳」「第2　内容」の、〔第5学年及び第6学年〕の各項目を指す（一九三頁の資料参照）。

第一章　新学習指導要領と道徳朗読劇の必要性

1　IT時代の他者の見えない人間関係

(1)　コミュニケーションの苦手な子が増加している

目と目を合わせて話し合うことを嫌う、そんな児童・生徒が最近、増えている。これは小学校や中学校だけでなく、幼稚園や保育園の幼児にも見られる現象だという。

原因は少子化に伴い、幼児期から家庭で親子や兄弟姉妹で触れ合う、特に話し合う場面が減少し、代わってメディアの機器の存在が大きくなったことだと言われる。

いまでは子どもの遊びはテレビやテレビゲーム機を相手にしたものが主である。現在、中学・高校生の約七割が「携帯でホームページやブログを見る」時代である。

二〇〇七（平成一九）年、内閣府が実施した「情報化社会と青少年に関する意識調査」によれば、携帯電話をもっている児童・生徒は、小学生で三一・三％、中学生で五七・六％、高校生で九六・〇％となっている。

(2) ネットいじめが陰湿化する

一方、インターネット上の掲示板への書き込みによるいじめや、最近では「学校裏サイト」がさまざまな犯罪とも結び付き、社会問題化している。

中学校で同じクラスの子に対して、インターネット上で誹謗、中傷の書き込みをする、いわゆる「ネットいじめ」を続けていた三年生の男子生徒が補導された。しかし、実はその生徒は一年生の頃から不登校を続けていて、二年生になってもほとんど学校には顔を見せなかった。ことばを交わすことを極端に嫌う生徒だったという。

「閉じこもり」と言われる生徒で、家でも家族とほとんどことばでの交流をしない子、失言語化症候群に近い様態を見せる子だった。それがネット上では、「キモイ」「死ね」「うざい」「消えろ」など、被害者に対して中傷の言語をちりばめていた。被害者に精神的なダメージを与えるほどの言語を操作していたのである。まさにＩＴ時代の負の部分とも言える、心の歪みにあえぐ生徒の一面を見せつけられた事例だった。

目に見えるもの、造形的なものにはすぐに反応するが、生身の人間の内部という不可視的なものへの想像力に乏しい児童・生徒を、何とかして、相手の心を感じ取れ読み取れる、コミュニケーション能力に富んだ、豊かな心をもつ人間に育て上げたい。今日の道徳教育の願いの一つである。

2　道徳指導における読み物資料の役割とは

(1)　読み物をマスクとし、そのマスクを通じて本音を語る

いま学校で実施されている道徳授業には、多様な指導方法と、それを行うための題材や資料が用意されている。その中でも多用されているのが読み物資料である。

本来、道徳の時間は児童・生徒に本音を語らせ、その考え方の交流または心の葛藤の中からねらい（道徳的価値）に迫る、そうした指導過程が展開されていくものである。しかし、いくら「道徳の時間だから」とみんなで本音を語り合おうとしても、なかなか難しい。人間は誰でも人前で自分の本音をさらけ出すことは苦手だからである。

例えば「友情」について語れと言われても、みんなの前で友だちから裏切られたことや、いじめられたことを赤裸々に口に出すことはできない。逆にそのことで傷つく友だちが出るかもしれないからである。

ところが、読み物資料を使えば、例えば小説や生活文、また説明文でもよい、その資料を通じて、それらの出来事やそのよ

うな状況での登場人物の心理や願いを記述に沿って読み取らせ、考えさせることができる。さらに、それに自分の経験や心の動きなどを深く反映させて語らせることもできる。つまり資料をマスクに例えれば、そのマスクを通じて、その下にある本音の自分を語らせるのである。

(2) 読み物資料を通じて感情の流出に一つの方向性を与える

人間は感情の動物と言われている。とかく感情に左右された行動が多い。特にそれを制御する力の弱い子どもは、時にこの感情の暴発で思わぬ失敗をおかす場合がある。

しかし、この感情の流出（表出）に、一つの方向性が生まれてくると、それはその個人の感情の中に、ある知性を伴った意志が働き出したと考えることができるという。

例えば、常に乱暴な行為がめだつ児童がいたとする。しかし、教師がその子にいつも優しく物語や絵本を読んで聞かせたとしよう。正義感の強い子の話、人のために努力した主人公の話、ロビン・フッドの物語でも、トム・ソーヤーの冒険でもよい、主人公が他人の心を思い、自分の力を愛と冒険に捧げる話を繰り返し読み聞かせているうちに、その乱暴な児童の感情にいつしかより好ましい他者の行為が何重にも重ねられていき、脳の中に情報として定着する。

このようにして新しい脳内ネットワークが形成されていくと、それが一つの新しい感情を形成する。それは拡散型の感情ではなく、知的な理解と意志によって制御された感情として表現されてくるというのである。

ちょっと、難しい話になったが、言い換えれば、人間の感情に繰り返し人間的な望ましい感情表出のトレーニングをしていけば、やがてその感情に望ましい方向性が与えられ、それが一つのまとまりのある価値付けとなって脳の中に保存されていく。いわゆる情操教育の必要性がここにあるわけである。

道徳指導で感動資料や意志決定の葛藤資料等を扱い、児童・生徒を常に繰り返し感情移入させていく意味は、こうした価値付けの脳内ネットワークをつくり上げていくことでもある。

3　道徳読み物資料の萎縮傾向が生じている

(1)　道徳資料の短縮化

ところで、最近はこうした読み物資料を使っての道徳指導に、一つの異変が起こっているという。それは、道徳資料を短く短縮化していく傾向が見られることである。

理由はいくつかあるが、中でも問題なのは、**子どもの読解力が落ちている**ことである。このため、読み物資料が短くなり、奥行きのある内容のものが減っていく。さらに、感情や情緒に訴える、例えば感動的な文章を盛り込んだ資料がなぜか敬遠されがちになった。

これらの結果、**ねらいにあった、ずばりの資料がなかなか見つからなくなっている**。そして、**短時間に説明文や物語文を読み、理解し、それを通じて価値に迫る指導が難しくなっているので**

ある。

読みに抵抗をもつ子どもへの対応の結果、資料の魅力が薄れ、子どもにすぐ分かる、例えば生活に密着した話題等が先行した資料が多く使われる。そして、それが逆に子どもたちに「またか……」というマンネリ化や倦厭感を感じさせるという危険をもっていると言われているのである。

道徳指導は子どもの目線に沿ったものであることが大事だという考えは正しい。しかし、だからと言って、子どもがすぐに分かるからと、生活に密着した内容の資料だけに絞り込むのは、いささか短絡的な指導と言わざるを得ない。

(2) 魅力のある資料とは

やはり子どもがその資料に出会うことで、新しい生き方を発見できるような資料がほしいのである。共感できるものや、時にはいまの現実よりも目線の高い、あるいは次元の高いものも、生活密着型と同時に必要ではないだろうか。

いくら分かりよいと言っても、毎回、同じ味付け、同じ様式の資料を与えられたら、子どもはうんざりする。資料は子どもにとっては新たな経験を取り込む追体験の場でもある。「いまの自分を超えた他者の経験」を取り込む、その出会いを多様に盛り込んだ魅力的な資料を、子どもから奪ってはならないと思う。

4　イメージトレーニングと仮想体験

道徳指導は一種のイメージトレーニングの場である。人間の実際の体験には限りがある。まして子ども時代の体験は限定されている。そこで多様な場面での人間の行為と、その時々の道徳的価値選択を仮想体験させる、そのイメージトレーニングの場が道徳の時間の指導である。

ある有名な野球選手が、家庭での毎日の何百回かの素振りについて話したのを聞いたことがある。彼は素振りを三つの方法に分けて行ったと話した。

一つめは体の柔軟体操に類する素振り。筋肉をくまなくほぐしていく。

二つめは無念無想の中での素振り。これは禅に通じるもので、あらゆる煩悩を捨て、心を空《くう》にして宇宙へ自己を溶け込ませる。

三つめは一回一回をイメージトレーニングとして実戦場面を設定した素振り。「いま来た球はインコース低め」「これはアウ

トコース」等々、場面に応じた球を想定してバットを振り抜く。相手ピッチャーの特徴、特性をも想定する場面も多いという。実戦では、こうしたイメージトレーニングの結果が生きるのである。年間の打率の高さやホームランの数の多さも、こうした真摯な努力の結果だと知って、心を打たれた。

まさに児童・生徒が道徳の時間で行う道徳的価値選択のイメージトレーニングと同じである。将来にわたっての価値選択、それを多様な資料によって学習する意味はこんなところにもあると思った。そのためには多面性をもった学び手の想像力に少しでも訴える資料がほしいと考えたのである。

5　新学習指導要領で重視される言語環境の充実

(1)　新学習指導要領での道徳教育の改訂ポイント

今回、告示された新学習指導要領の中で、道徳教育に関する主な改訂のポイントを項目別に挙げると次のようになる。

①　道徳の時間の指導が特に強調され、道徳の時間を学校の教育活動全体の要《かなめ》（中心）として位置付けるよう特記された。

②　そのため指導をより明確にするために、道徳教育の全体計画や年間の指導内容の位置付け

をさらに徹底させることと、その完全実施を求めている。

また学校に道徳教育の推進を担当する教師を置くことが明記された。

③　道徳の内容を発達の段階に応じて明確にして、重点化を図ることが明記された。

・小学校全学年共通……自立心や自律性に目を向け、自他の生命を尊重する心を育てること。

・小学校低学年……挨拶等の基本的な生活習慣、社会生活上のきまりを身に付け、善悪を判断し、人間としてしてはならないことをしないことに重点を置いて指導する。

・小学校中学年……集団や社会のきまりを守り、身近な人々と協力し助け合う態度を育成する。

・小学校高学年……法やきまりの意義を理解し、相手の立場を理解し、支え合う態度を身に付けさせる。また集団における役割と責任を果たすことを理解して、国家や社会の一員としての自覚をもたせる。

一方では心理的発達を考慮して、人間関係の理解等に積極的にかかわりながら、自己の生き方についても考えを深めさせる。

・中学校……自他の生命を尊重し、規律ある生活のもとに、自分の将来を考え、法やきまりの意義の理解を深めて、主体的に社会の形成に参画し、国際社会に生きる日本人としての自覚を身に付けさせる。

また、思春期の心の揺れ等に考慮しながら、相互の人間関係を十分理解させて、道徳的価値に基づいた人間としての生き方について考えを深めさせる。

④　発達や特性に応じた、先人の伝記、自然、伝統と文化、スポーツなどを題材とした感動を覚える魅力的な教材の開発と活用が求められている。

⑤　体験活動の一層の推進を図ることが明記された。小学校では集団宿泊活動が、中学校では職場体験が現行の体験活動に新たに加えられた。

⑥　授業の効果化を推進するために、言語活動の工夫と活用の重視を強く打ち出した。具体的には、自分の考えを大事にし、それを基に書いたり話し合ったり（討論）するなどの表現する機会を充実させ、自分とは違う考えをもった相手と接する中で、さらに自分の考えを深めさせ、こうしたコミュニケーションの中から、振り返り（内省）を通じて自らの成長を実感させる、そうした言語環境と言語活動の工夫を一層進めるよう求めている。

⑦　情報モラルに関する指導に留意することが求められている。具体的には、基本的なルールや自他の権利と責任等を踏まえた「判断力の育成」をどうするか、具体的な場面に応じての指導内容が課題になった。

⑧　道徳の授業の公開や地域教材の開発等を通じて、地域社会や家庭との一層の連携を図る。

⑵　言語活動を主体とした指導をどう実現するか

改訂のポイントは以上であるが、道徳資料、とりわけ読み物資料の効果的な活用の面から考えたとき、特に注目すべき事項は、「感動教材の開発」「体験活動」「言語活動の工夫と活用の重視」

である。

しかしながら、先に挙げたように、指導要領では今日的課題として求められている言語活動を主体とした指導が、現実には難しくなっている。この乖離の実情をどう改善していったらよいのか。

その一つの方法が、これから述べる「道徳指導の中での朗読を主体とした体験的学習」、いわば「読む」「聞く」の感性体験をもとに「話し合う」「書く、心に留める」という内省体験をするという全員参加型の学習指導を、道徳の授業に取り入れることである。またそのための「朗読を主とした資料読み」の、その「資料の開発」である。

第二章　生きた体験としての道徳朗読劇の役割

1　道徳朗読劇の効用

(1)　音読から朗読への発展

道徳指導では、しばしば音読、つまり声に出して資料（教材）を読む指導が行われている。この場合、教師が読む場合（範読）と児童・生徒を指名して読ませるものとがある。また、音読に対して、黙って目でもって読ませる黙読の指導も、道徳の時間ではよく行われる。

音読はパーソナル・コミュニケーションとして、本来は内容を「自分で理解する」ための役割をもっているが、同時に「他人に対しての表現する読み」としての機能ももっている。後者の場合は一般には朗読と呼ばれている。

道徳の時間の読みは、クラスの全児童・生徒に早く資料の内容を読み取らせ、その読み取った内容をもとに、その中に含まれるねらいについて気づかせることを目的とした指導である。具体的には話し合いを中心に道徳的価値に気づかせていく。

しかし、先に挙げたように、いま一部では子どもの文字離れが進んでいて、そのために長めの文章や、複雑な表現や人間関係を織り込んだ読み物資料が使えなくなっている現状がある。そこで工夫されたのが、朗読を主体とした構成劇の手法を使って、生き生きとした道徳指導を可能にする授業である。

音読

二～三人の朗読

朗読劇

この方法を使うと、かなり難しい人間関係の場面や心理葛藤も理解しやすく、また物語文なども段落ごとに理解しやすくなる。

つまり書かれた内容が、音声表現と表現者の位置関係や場面構成等により、聞き手、ここでは教室内の全児童・生徒のイメージを刺激して、内容の理解が速く容易になり、その後の活発な話し合いを引き出しやすいということである。

(2) 音声化を主体とした道徳朗読劇の効果

一般に指導効果として挙げられる特色は、次の点である。

① 道徳朗読劇では視覚に加え聴覚機能もフル回転させるため、画像等視覚的な情報になじんだ子どもたちにとって、立体感のあるイメージの世界が追体験しやすい。

② 道徳朗読劇は、事前の指導も楽しく簡単で、音声を中心にした表現指導であるため誰にでも取り扱える。

③ 学び合う子どもたちは、仲間の道徳朗読劇を「見る、聞く」ことで、内容を五感を通して理解できる。また言語空間を通すため内容が理解しやすい。

④ 子どもの想像力に直接訴えることで、自己の心との応答環境がつくり出せる。このため資料のねらいに沿って内省化が効果的に進められる。ただそのためには、

ア　朗読や朗読劇の形式にアレンジされた「読み物資料」が用意される必要がある。

イ　表現の質を高めるための、音声化への表現技術の指導も必要になる。

道徳朗読劇として、劇場で上演された有名な作品には、木下順二作「子午線の祀り」がある。これは平家物語を題材とした作品で、劇団民芸が上演して話題を呼んだ、群読という独特の集団読みのスタイルの朗読劇でもある。

また、最近では原爆で我が子を失った母親たちの悲しみの記録をつづった、かつての地人会の木村光一構成「この子らの夏」が、優れた朗読を主体とした構成劇として有名である。

しかし、道徳の時間に行う道徳朗読劇は、こうした高度な演劇の効果をねらった、身振り表現を取り入れ、衣裳や小道具、大道具等の装置も必要とする舞台構成劇とは異なり、音声表現に絞り込む。つまりできる限り体の表現を前面に出す従来の表現とは違い、むしろそうした動きの表現を抑制して行う方法である。

「内容を正確に理解するための具体的な読解の一助」という教育的手法としての目的性をもった指導法であると理解した方がよい。

こうした方法はアメリカではリーダースシアター（朗読劇）として、早くから研究され開発されてきた手法で、日本では玉川大学がこの研究のパイオニア的な役割を果たしている。

2　アメリカで使われているリーダースシアター（朗読劇）

アメリカは多民族国家である。多くの移民を抱えている。そのため特に二つの言語を有する子どもたちへの読み聞かせのために、図書館等で盛んに、リーダースシアター（Readers Theatre）と言われる朗読劇の手法が用いられている。これは童話や小説等の文学性を重視して、原作を忠実に構成して聞き手に伝えるための手法であり、もちろん、通常の学校の授業でも用いられている。

また、音声言語による表現が中心の、身体表現を抑制した表現方法であるために、障害者、特に肢体不自由児のための表現活動としても用いられている。

リーダースシアターは、ナレーターと役をもつ語り手を中心にして構成された朗読劇である。時には効果音や音楽を担当する役が配置される場合もある。しかし、一般には演じる側は、地の文を読むナレーターとセリフを語る登場人物により構成されている。

場の構成は、聞き手の前面に、横一列に役を受けもつ語り手が並ぶ。あるいはそれに高さをつけて並ぶ者もいる。いずれも簡単なスツール（回転椅子）に腰掛けている。

ナレーターは、一人の場合は左右の端のどちらかに、複数の場合は左右それぞれに、譜面台を置いて立つ。衣裳はいずれも無性格的で一色である。黒に統一した衣裳をまとっている場合が多い。

こうしたシンプルな構成をとるのは、観客である聞き手に、感情を込めて音声化した文章の内容を、豊かに正しくイメージさせるためである。視覚に訴えるものはできるだけおさえ、先入観を排除して聞くことに集中させ、原文に沿った自由な想像の心象世界を聞き手の心の中に創らせる、そのための場の構成に工夫をこらしている。

例えばスツールを使って、後ろ向きの場合は退場を、前を向けば登場を表すなど、様式的な演出方法が工夫されている。

また、朗読しているときの登場人物の目線についても、「フォーカス・アイ」と言われる、聞き手（観客）の後方の一点に共通の目線の交わり（焦点）を決めて、全員がそこをめがけて音声表現をする手法などがとられる場合がある。

これは日本でも、落語や能、歌舞伎などでしばしば用いられてきた手法である。こうした単純化した様式をも

場の構成

フォーカス・アイ

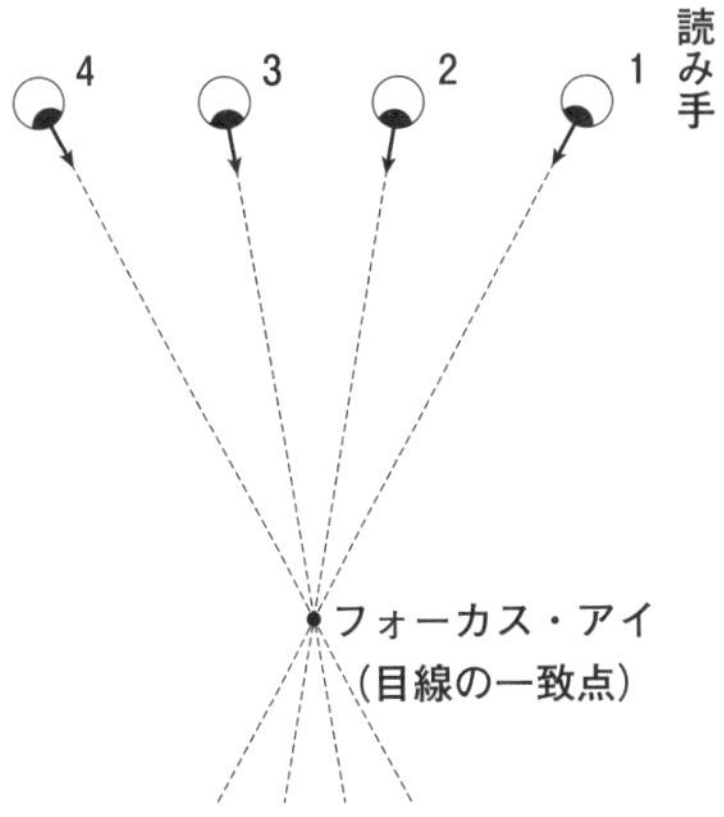

った「朗読を主体とした構成劇」がリーダースシアターである。

いずれにしても、リーダースシアターは、原作の文学性を重視して、原作に忠実に構成するのが基本になっている。

なお、こうしたリーダースシアターの手法は、最近はアメリカはもとより日本においても、いろいろと研究され、舞台表現として劇団等のステージ公演に用いられ、新しい演出効果をもたらしている。また、教育の場でも一つの学習形態として取り上げられ、文章の内容の理解や自己表現の手法としても効果を上げるようになった。

第三章　道徳の授業での朗読劇の進め方

1　道徳朗読劇の演じ方

(1)　道徳朗読劇の役割分担

道徳朗読劇は、作品の内容を聞き手の心に豊かに、正確に伝えるための方法として、基本的には、

・地の文を読むナレーター（解説者）
・登場人物の役をもち、セリフ（会話）を担当する者

この二つの役割に分けて構成される。

《例》

ナレーターA　夏は終わった。今年の夏休み、ぼくにとって忘れることのできない思いでの夏休みだった。親せきの良雄君が、家族での海外生活が終わって、名古屋に帰っ

てきたのだ。

ナレーターB 良雄君のお父さんは大学の先生である。ヨーロッパの大学に研究のため三年間、家族を連れて行っていた。

ナレーターA その良雄君から「夏休み、ぜひとまりにおいで。」という手紙をもらった。盛岡から名古屋までのぼくの一人旅がこうして実現したのである。

祖母 旅では人に迷わくをかけることをしてはだめよ。そうそう、これだけは注意してね、見知らぬ人に声をかけられても、ついて行ったりしたらだめよ。

ナレーターB という心配性の祖母の声や、

母 だいじょうぶよね、達也は男の子、自分でよく考えて行動するものね。

ナレーターA との母のはげましの声に送られて、ぼくは一人で東京行きの新幹線に乗った。

〔押谷由夫・小川信夫・岩崎明編著『さわやかマナー 五・六年』(玉川大学出版部)所収の「思いでの日記」より構成〕

(2) 読みの負担軽減のためナレーターを複数に

道徳指導における朗読劇ではしばしば、右の「思いでの日記」の例のように、ナレーター役を二人から三人程度にし、地の文を分けて朗読させることがある。

それは、道徳の授業で行う朗読劇には、表現活動ということをあまり前面に出さずに、内容がより正確に読み手、また聞き手に分かったか、その「確かめの方法、手段」としての役割を主としてもたせるためである。そのため分かち読みを取り入れ、読み手（ナレーター）の負担を軽減させる方法がとられるのである。

しかし、この分かち読みも、ただ意味なく文を切って分担させるというのではなく、場面の転換、人物の心理的な転換等々、文章の流れや小段落の区切り等を考慮した、意味のある分け方を心がける。そしてそれをナレーターに十分理解させることが必要である。

(3)　ナレーターの動きはかなり自由

登場人物の役の子どもは、観客に向かって椅子に腰掛けているか、立ったままでいるか、いずれにしても位置がある程度固定されている。しかし、ナレーションを受けもつ子どもは、原則的には左右等に立っていて説明役として地の文を読むが、時には聞き手の子どもたちの中に入って語りかける等、自由な動きを伴った役をこなす場合もある。また場面転換の「間」を表現するときに、あらかじめテープなどに入れた音楽をかけて雰囲気を盛り上げたりすることもある。

なお道徳の授業では、教師が主なナレーター役になり、生徒の机の間を巡回しながら地の文を読み、あらかじめ指名しておいた登場人物役の子どもにセリフの部分を朗読させるという、簡潔な朗読劇手法を取り入れた指導を行う場合もある。

⑷　ナレーターと同じ役割の「モノローグ（独白）」

ナレーターは、地の文を朗読することで、物語の筋や情景、また登場人物の行動や心理的な変化などを第三者的（客観的）に説明する役割をもっている。

しかし、作品（資料）の性格によっては、ナレーターの役を、そのまま登場人物が受けもつ場合もある。つまり特にナレーター役を設けない、対話の場面のからみをもたせた構成劇等である。

こうした場面では、しばしば登場人物にモノローグ（独白）という形で、物語の推移や登場人物の心の動き、考え方などを説明するという、従来はナレーターの行う役割をもたせる。

このモノローグの手法は、シェイクスピアの作品に多く使われている。

《例》

妙子　（強く）いや、ぜったいに私は行かない、私はいや。

（モノローグ）私のことばの強さに、まわりにいたナオミたちはおどろいたようだった。

ナオミ　だっていいの、舞子さんは泣いてたよ。泣きながら家に帰ったんだよ。

妙子　そんなこと舞子の勝手よ。

（モノローグ）そのとき私は、行かなければと思った。舞子は一年生時代からの私の友だちだった。でも、でも、私の別の心が私をとめた。

妙子の心　（ささやくように）やめときな妙子、あんたのあの大事な花びん、舞子がわってしまったのよ。舞子の不注意、許せと言ったって、とても、とても、だめ！

妙子　（モノローグ）夏休み、田舎のおじいちゃんから手ほどきされて、三日もかけてつくって焼き上げた、あの思いでの花びんだった。

ナオミ　わかるよ、妙子の気持ち。あの花びん、死んでしまったおじいちゃんとの思いでの花びんだって、作文に書いてたの、私は知ってる。でも……。

(5)　道徳朗読劇の場の設定

道徳指導の限られた時間の中で、朗読を中心とした資料の読みを展開するためには、聞き手の子どもたちが内容理解につながるイメージづくりを容易にできるような、表現のための場の設定が工夫される必要がある。

つまり教室での演じ手（朗読者）と聞き手（児童・生徒）の間の、位置関係の工夫である。

①　リーダースシアター型

- 出演者は教室の児童・生徒の前に、黒板等を背景にして横一列に、時にはそれに高低もつけて座る。
- ナレーターは列の端に立つ。複数の場合、左右の端、また中央に位置する。
- 音楽や音響を担当する役を、ナレーター役の子どもが兼務する場合も、別につくる場合も、列の後方（聞き手のイメージ

リーダースシアター型

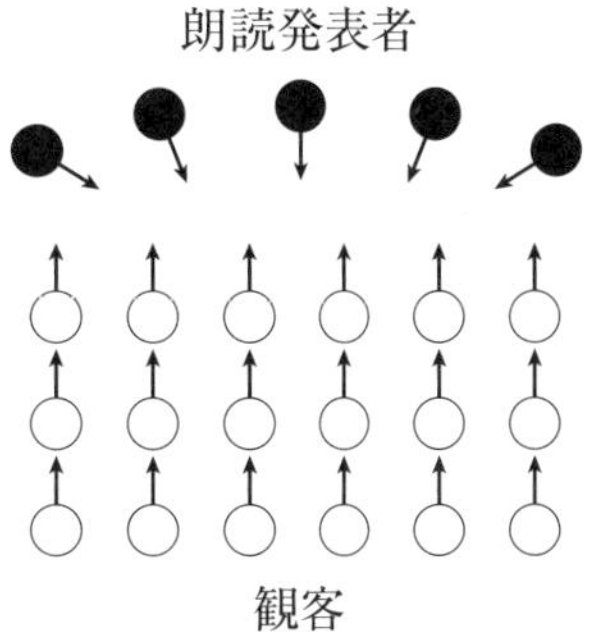

づくりの邪魔にならない位置）に座る。

・ナレーターの視線は聞き手に合わせて直接話しかける場合もあるが、内容によっては聞き手の後方の「フォーカス・アイ」と言われる位置に全員が視線と心の視点を合わせて朗読する。

・登場人物役（セリフを語る役）の子どもは、物語に登場したときは立ち、退場で座る。回転椅子なら前向きは登場、後ろ向きは退場等、演出上の約束を決めて朗読する。

・ナレーター役の子どもは台本を譜面台の上に置くか、手にもって朗読する。登場人物役の子どもは台本を手にもって読む。しかし、短いセリフなどは暗記しておき、たまにチラッと台本を見る程度で、生き生きとした表情や視線で聞き手と心のコンタクトがとれるようになるとすばらしい。

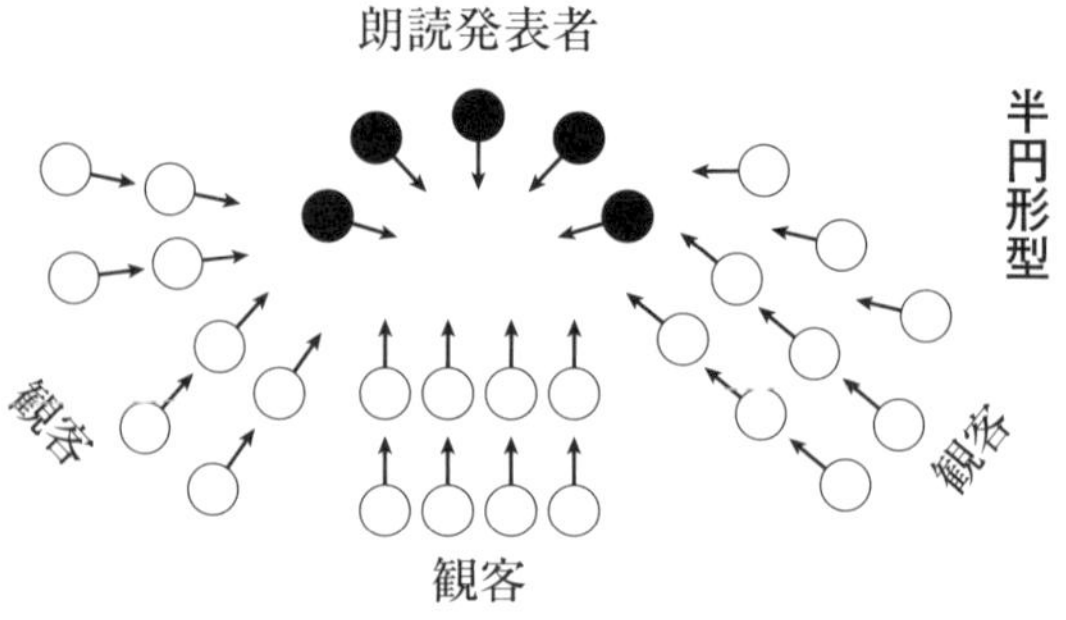

② 半円形型

・教室の中央に空間をつくり、ナレーター役や登場人物役の子どもたちが半円形に向き合って座る。

・聞き手の子どもたちは、そのまわりを取り囲むように席をつくって位置する。

・朗読を主とした構成文などに適する。問題を身近に感じ取れ、それぞれが対面式に位置しているため、朗読後の話し合いやディスカッションにも適している。

③　朗読の場としての教室の雰囲気づくり

まず聞くことに集中できる雰囲気をつくることが大事である。それには、読み手、つまり朗読する人を受け入れる聞き手の存在が重要である。内容を真剣に聞き、自分の読解をさらに、具体的に深めようとする態度をつくらせる。この聞き手の受け入れの雰囲気ができていれば、それは読み手に反映される。読み手の緊張感を解く力にもなり、朗読への集中力を高めることができる。

(6)　よい読み手を育てることは、よい聞き手を育てること

特に、不まじめな聞き方、中でも些細《ささい》な読み手の失敗を嘲笑したり、からかったりする雰囲気を教室に絶対にもち込まない指導が大切である。

みんなが「次の機会には自分がやる」という強い意欲をもてるような、認め合う雰囲気をつくり出すこと。それ自体が道徳教育の実践活動でもある。

長い間、「独話指導」という「児童の語り」に重点を置いた国語指導を続けてこられたK先生の公開授業を参観したことがあったが、発表する児童の「語り」の表現力のすばらしさはもちろん、仲間の発表を聞く、学級の子どもたち全員の態度の優れた許容性に、参観者は心を打たれた。

全員が発表者に視線を向ける。そしてうなずき、メモをとる等の応答をする環境を全員でつくっていた。中にはことばにつまる発表者も出てくる。すると聞き手の子どもたちが一様にやわらかな視線や表情をにじませながら、その発表者を包み込む雰囲気をかもす。その学級には演技者

と観客の関係がつくり出されていたのである。

K先生の話だと、ここに至るまでには時間をかけた発表の機会を設け続けたという。

この学級は週十五分の帯単元を組んで、「独話」の時間をつくっていた。どの児童にも年に一回は必ず発表が回ってくる。発表時間は一人三分。内容は自由選択。あらかじめ決めて、決まったら教師と相談してあらすじを書いてみる。この間に教師と児童の間で内容の吟味とそのための指導が行われる。

そして当日は、発表者は原稿をもたずに発表。終わると二名の児童（あらかじめ指名）が、その発表の内容について話し合う。この間三分。その後、当日の司会者（あらかじめ指名）のリードで五分間、全員で発表の内容を話題とした意見の交換。最後に教師のまとめの指導。

この相互のコミュニケーションの具体的な実践活動を継続していく中で、発表という共通の経験を帯としての連帯という、相互理解の基盤ができ上がったという。

このような互いに認め合う雰囲気づくりは、道徳の時間に朗読劇を取り上げる場合にも欠かせない。そのような雰囲気の中で行ってこそ、朗読の体験を共有しながら資料の具体的な内容に迫り、そして相互に分かり合うコミュニケーションの場を構築していくという実践を含んだ道徳の時間がつくり出せるのである。

2　道徳朗読劇の効果には「同化」と「異化」の二つがある

演劇の用語に「同化」「異化」という言葉がある。

「同化」とは、演じ手から言えば、役になりきること。観客から言えば、劇中の人物やその行為に共感し、感情移入することを言う。従来から芝居の醍醐味と言われる陶酔の心理状態である。

これに対して「異化」とは、同化的な状態からもう一段階開かれた目をもって、その人物の考えや思想を通じてその意思などをさらに洞察していく、第三者的な目をもつことを言う。演劇の世界では、戦後、ヨーロッパの近代演劇運動の中で、ブレヒトを中心とする表現主義演劇や不条理劇の代表サミュエル・ベケットなどの演劇主張として用いられてきた手法である。

道徳指導でも、資料に対して児童・生徒がどのような反応をするか、その構成の性格によって、指導過程が異なってくる。とは言っても、同化と異化は別々に子どもの中に存在するものではない。一つの作品に向かい合う過程においても、同化という感動的な体験をしながらも、さらにそこから批判的な洞察対応（異化効果）が出てくる場合も多くある。

しかし、資料の性格に応じて、同化と異化のどちらを主にねらうかをあらかじめ考えて指導に臨むことは必要であり、その違いによって、指導過程に変化が起こってくる場合がある。そして、一般的には、主として感動をねらう教材と心理葛藤から価値選択への態度を迫る教材とにおいては、同化効果と異化効果の両面があることを指導者は理解しておかなければならない。

(1) 主として共感効果(同化)をねらう道徳朗読劇

資料の内容に児童・生徒を十分に引き付け、その後の話し合いを活発にするためには、読み手はもちろん聞き手も、登場人物の性格やその行動等に同感し、感情を重ね、同一化するようになっていくことが望ましい場合がある。つまり内容への共感性を高めるのである。舞台や映画でも、観客の共感性が高まって、涙を浮かべるなどの光景が見られることがある。

道徳朗読劇でも、こうした同化効果を主としてねらう場合がある。主に小説や物語、ドキュメントなどの素材で、感動的な受容の感情を通じての共感効果を求める場合である。感動を呼び起こす資料を扱う場合である。

当然、朗読する児童・生徒は役に共鳴し、登場人物のセリフを感情を込めて表現する。そのことによって、聞き手も登場人物に共感していく。

その後の指導は、この共感効果の高まりを土台として、ねらいに迫る授業を展開していく。朗読劇の途中に音楽を入れたりしてさらなる効果をねらう場合もある。

《例》道徳朗読劇「自由への道」(一四一頁参照)

⑵　主として客観的効果（異化）をねらう道徳朗読劇

道徳の授業において学び手は、資料の登場人物やその行動にある部分では共鳴し、ある部分では冷めた目で客観的な知的操作をすることを繰り返しながら、背後にあるその思想や意思等を洞察していく。

この二重の心理的な働きを通じて、その資料に内包されている道徳的価値（ねらい）に気づいていく。資料と学び手の大切な交流の関係がここにある。

中でも、感情移入を図りながらも、やがてそこからもう一度、客観的な目で「振り返る」つまり判断力を働かせて問題に迫る、その力をつけてやることが、道徳教育の大切な役割である。

この役割を果たすためには、同化と異化の両方を引き出す要素をもちながら、最終的には聞き手の心に思考の出口を与え、それを通じてより好ましい行動選択（価値選択）の道筋を考えることができるようにさせる道徳資料と、その資料を用いた適切な指導が必要とされる。国語学習で行われる一般的な「鑑賞のための朗読」とはやや違う効果をねらう資料の扱い方がここにある。

《例》道徳朗読劇「失われた時間」（一五一頁参照）

第四章　道徳朗読劇実施のための事前の準備

1　題材の選び方

(1)　道徳資料の種類とタイプ

道徳資料の種類としては、昔話、寓話、逸話、物語、伝記、詩、日記、作文、新聞記事、随筆、説明文等々がある。中学校では環境問題に関する数字や統計資料を盛り込んだ説明文や論説文なども、最近しばしば資料として授業で取り上げられるようになった。

一方、「ねらい」という観点で道徳資料のタイプを挙げると、次のようになる。

・知見資料：伝統文化や国際問題、環境問題等、新しいデータ等を提示して、改めて実態について学習する面を強調するタイプの資料。

・葛藤資料：物語や日記等に多くあるように、生活場面や物語の中で、道徳的価値選択や態度決定を迫られた場合の心理的内部葛藤をもった人間関係の問題について考えることを主としてねらうタイプの資料。

・感動資料：共感的理解をしながら、心情的に物語等の主人公の行動や態度決定に心が強く動かされるタイプの資料。

・生活習慣型資料：生活の習慣形成にかかわる内容の資料。日常の生活のリズムづくりや健康管理の大切さを強調する。最近は情報モラルについても取り上げる傾向がある。

このように、資料をその特色によって類型化して、年間指導計画に配列する際に配分を考慮する学校もある。しかし、これはあくまで便宜上の分け方で、実際は一つの資料の中にこれらの性格がいくつか絡み合っていることが多い。その中でどこが強調されているかによって、指導過程を組むのである。

いずれにしても、より魅力的な資料によって道徳の授業への興味を喚起するための、より自由な発想による新しい資料の開発が、新学習指導要領では求められているのである。

朗読劇資料を取り入れることもその方法の一つであるが、その場合、「何のために朗読劇を取り入れるのか、その目的を明らかにしておく」必要がある。

朗読劇がもともと、表現活動と読解活動の両面をもつものであることはすでに述べてきた。これを指導法として道徳の授業に取り入れる場合は、音声表現を主体として特に読解活動に的をしぼった、資料の内容理解にウエイトを置いたものであると考えたほうがよい。

もし身体表現活動を含む指導法を道徳の授業で取り上げたい場合は、例えばロールプレイなど役割演技を導入する方法もある。

(2)　身体表現活動を伴う役割演技と音声表現主体の朗読劇

役割演技では、例えば児童・生徒にとって身近な日常生活上の問題や、社会的な問題を取り上げ、自由に即興的に演じさせる場合が多い。内容としては、心理的な側面から葛藤と適応を捉えていくサイコドラマ（心理劇）と、社会的な適応という側面から人と人、社会と人の役割に重点を置いたソシオドラマ（社会劇）がある。

指導の方法としては、ある場面を設定し、子どもに役割を与えてロールプレイングさせる。教師はその発展の過程を観察しながら、適時、劇に介入しながら新しい役割を子どもに経験させ、相互の役割の関係を学習させていく。その間に子どもたちは各自で自己を洞察し、また相互の役割関係を理解するなど、指導面からも内面化の手立てとなるため、道徳の授業でも取り上げられている。

しかし、本書で取り上げる朗読劇は、子どもにある資料の中の登場人物等の役割を与えても、それはあくまでも朗読を通じて、聞き手の子どもたちに、その朗読劇の内容や各登場人物の物語の中での役割を明確に理解させることが目的である。

もちろん、そのためにも朗読を通じた音声表現の技術が求められる。プロの劇団やアメリカのリーダースシアターでの上演の際には、演じ手の表現術の力量が要求される。

しかし、いま日本で、普通の道徳の授業に朗読劇を取り入れる場合、時間等を制約するという理由から、この**音声表現の指導は最低限にとどめて、むしろその後の内面化や自己洞察のための「話し合い活動」が円滑に、かつ効果的に行われるようにすることに重点を置いて、指導計画が立てられることが望ましい。道徳朗読劇は「資料理解のための読みの方法」である**ということを、ここで明確にしておく。

けれども後の項では、「朗読の力をどのように育てるのか」「朗読劇のための小集団の事前指導」として、音声表現の技術指導を取り上げている。それは発声、発音の問題を含め、文章を正しく読み取ることの指導をどのように行えばよいのか、どうしたら聞き手の心に的確に内容が届けられるか、そのことを読み手にどのように指導するか、これらの課題に向き合うためである。

朗読劇はドラマ的に構成された資料である。それを音声表現だけで聞き手に伝えるためには、心にわき上がってくる身体行動（演技的表現）を全身でイメージさせ、それを音声に集中して表出させる技術が、基本的には求められることを指導者は心得ておく必要がある。

(3)　ねらいに合わせた題材選び

「朗読を主な手段とした内容理解に重点を置く」道徳指導の観点から朗読劇を取り入れる場合、当然、取り上げる資料の種類に制限がある。

例えば本来、説明文や論説文に近い資料、あるいは新聞記事などは、黙読に適した文章である。

もちろん、授業でこれらの資料を指名された児童・生徒が音読したり、教師が範読して全員が聞いたりする、いわゆる「一読読解」の方法をとることはよくある。しかし、中には、無理に音声化して読解しようとしても、かえって混乱してしまうものもある。また、時間をかけて味わうほうがよい文章も多い。こうした題材や文章は、朗読劇の資料として取り上げることは避けたい。

本書で紹介する道徳朗読劇は、登場人物の役割が相互にからみ合うドラマ的構成の資料である。聞き手の心理に働きかけ、その興味関心をそそるよう、題材の選び方を考慮している。そのため、事件の起承転結や人物の心理的葛藤等、ドラマティックな内容が描かれたものが多くなっている。

指導過程のどこに朗読劇を組み入れるかは、ねらいに即して決めることになるが、聞き手の心理に与えるインパクトの面からも、**中心資料として位置付けるのが効果的である。**聞き終わった後の活発な話し合いや、自己の内面化への振り返り等に重点を置いた指導過程を計画するとよい。

2　朗読の力をどのように育てるのか

(1)　朗読に際して「着語《ちゃくご》」を入れる「間《ま》」の指導

朗読が気軽に行われる授業、そうした授業の展開が日常化する雰囲気づくりには、教師の素読みの力が問われる。

特に道徳の授業では、短時間で与えられた資料の内容を理解することが要求される。一般にはまず黙読が展開される場合が多いが、早い理解のためには教師の範読が効果的である。

この範読に対して、「うまく読めないから」と腰が引けている教師がいるが、道徳指導では、しばしば「いかにうまく読むか」にこだわるよりも、「内容をどのように児童・生徒に正確に伝えるか」に主眼を置いた読みに徹する。

そのためには、特に文節や語句の「間」の取り方に注意をはらう。

朗読における「間」は、「文章に表情を与えるための化粧」の役目をすると言われている。かつて日本の国語教育実践指導の先駆者と言われた芦田恵之助は、音読・朗読に際して、その「間」の指導に着目し、「間」がとられるべき箇所に「着語」（自分の感情の動きやその文に対する感想を表す語）を子ども自身に書き込ませることで、文章の読解と音読指導の一助とした。

《例》

　あの若者は桜通線に乗る人だったのだ。（知らなかった）それが迷っているぼくを見て、わざわざ地下街を通って、ここまで案内してくれたにちがいなかった。（何て親切なのだ）それなのにぼくは「ありがとう。」のひと言も言えず、最後まで疑いの態度を持ったまま別れてしまった。（どうしたらいいのだろう）ぼくの心を冷たい風が通りぬけていった。くやんでもくやみきれない気持ちだった。（心からわびを言いたい）

　夏は終わった。（あぁ、思いでの夏）でもぼくにとっては、忘れられない旅でもあった。

（押谷由夫・小川信夫・岩崎明編著『さわやかマナー　五・六年』（玉川大学出版部）所収の

〔「思いでの日記」より構成〕

※注（　）の中の言葉は読解の過程で、「着語」として児童・生徒が書き込んだ語句。

子どもは、この「着語」を手がかりに読解したり、また音読、朗読の際の表現としての「間」の意味づけに用いたりする。

⑵　「間」（ポーズ）の指導

文章の「間」には、大きく分けて、読み手と聞き手の立場からの特性が2つずつある。

①　読み手自身が必要とする「間」

・生理的な間　→　息をつぐ間

・論理的な間　→　文章の意味の切れ目の間

②　聞き手に与える「間」

・論理的な間　→　意味を分からせる間。考えをまとめさせる間。次への文章の展開を期待させる間。

・心理的な間　→　時間の経過を知らせる間。情緒を感じ取らせる間。省略されている部分を浮かび上がらせる間。

このような「間」のもつ性質や意味等を児童・生徒に理解させながら「着語」を入れさせる指導方法もある。

(3) 朗読の日常化と授業

「ことば」の飛び交う教室。特に授業の中で自由に発言でき、発言者のことばを受容できる関係。「言語環境の構築」の基本はこうした日常のことばによるコミュニケーションをどうつくるかにある。その基本的な姿勢が、声を出して文章を読み合い、話し合うことの日常化である。

道徳の授業でも、例えば、導入で素読みを、また学習過程で内容をさらに確かめ合うための指名読みをさせ、登場人物の関係や情景、心理的な流れなどを再度、理解した上で共有する。つまり、朗読→内容の確かめ→感想→話し合い→朗読→さらに内面の問題として話し合う、といったように、授業の中に読み合う関係が日常化した雰囲気ができ上がっていると、その後の授業での朗読劇の効果がいっそう高まる。

一人で黙読する

内容を確かめ合う

感想を書いて，話し合う

二人で朗読し合って，話し合う

3　朗読劇のための小集団の事前指導

(1)　密度の濃い朗読劇にするための小集団の指導

道徳の時間に朗読劇の資料を使う場合、普通の資料と同じ扱いで、その授業にぶっつけ本番で役割を割り当てて朗読劇を行った場合と、あらかじめ発表する役割の子たちを小集団として、特別に事前のリハーサルをしておいた場合とでは、その朗読劇の効果に差が出ることは当然である。なお、例外としては、一度小集団指導を経験した子どもたちなら、ある程度の朗読の表現技術を身に付けているので、授業の場で突然指名されても、効果的な朗読表現ができるかもしれない。いずれにしても、朗読の基本的な指導は最低限してほしいのである。

◎事前指導をしておく利点

・朗読者が資料の内容をあらかじめ理解しているために、内容を的確に聞き手の子どもたちに伝えやすい。

・朗読の時間が限定されている中で、無駄のない資料の内容伝達が可能である。

・小集団指導を繰り返すことで、クラス全員に朗読の表現技能が行きわたり、互いの信頼関係ができてくる（野卑な態度をとったり嘲笑したりする子がいなくなる）。

(2) 事前指導の実際

まず、数日前に朗読劇の発表者を決める。希望者を募る方法があるが、はじめは不安で名乗り出る子は少ないと思われる。そんなときは、生活班や係活動の班で担当してもらうなど、年間を通じて、できるだけ全員に経験させたい。

発表者が決まったら、次のような方法で練習を行う。

《一般的な練習》

① 集まったら、全員で朗読劇の資料を素読みする。語句への抵抗をとる。

② 読んだ感想を求める（全体にどんな話だったのか）。

③ 構成を簡単に捉えて、内容の読解に入る。

ⅰ いつ、どこで、何が、どう起こったのか（構成の起承転結）。

ⅱ 登場人物とその性格。

ⅲ 登場人物間の関係。

ⅳ 朗読する上で難しい箇所はないか、あればどこか。

このように、全体の流れをつかませ、さらに事件の内容やその中での登場人物間の関係などをしっかり理解させる。

また、「どこをどのように読むか」「速さやことばの調子をどうするか」「内容の区切り方をどうするか」「ことばとことばの間をどのようにとったらよいか」などを話し合う。

④　役割を決める。

ナレーターと登場人物の役、そしてその他にも音楽や擬音等があればその役も決める。この後の練習過程で、話し合いによって役割を変更する場合もある。

⑤　発表の形式を決める。

発表者と聞き手の位置関係について、対峙型、半円形型、対話型などを教師が提示し、話し合いで決定する。

対峙型

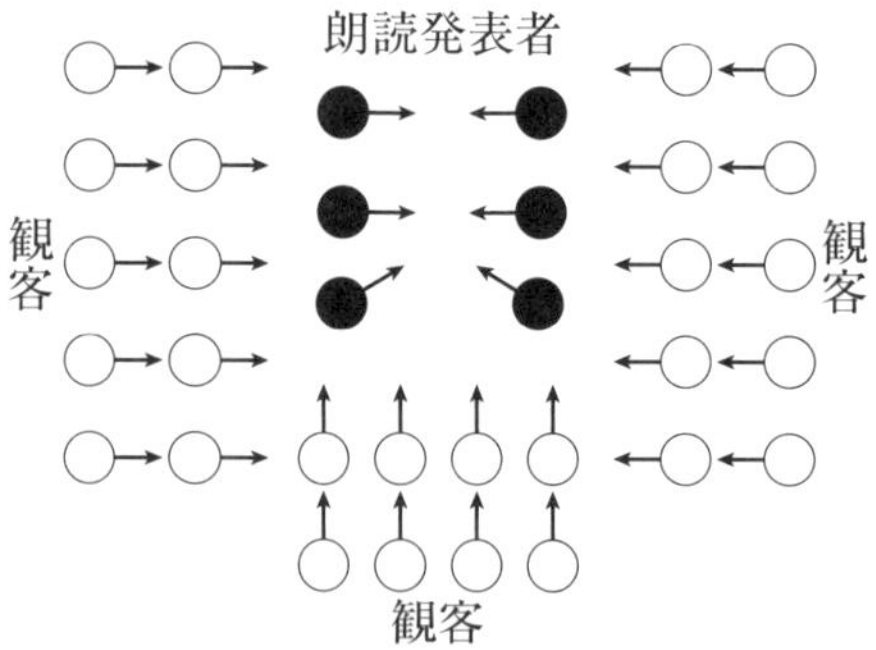

対話型

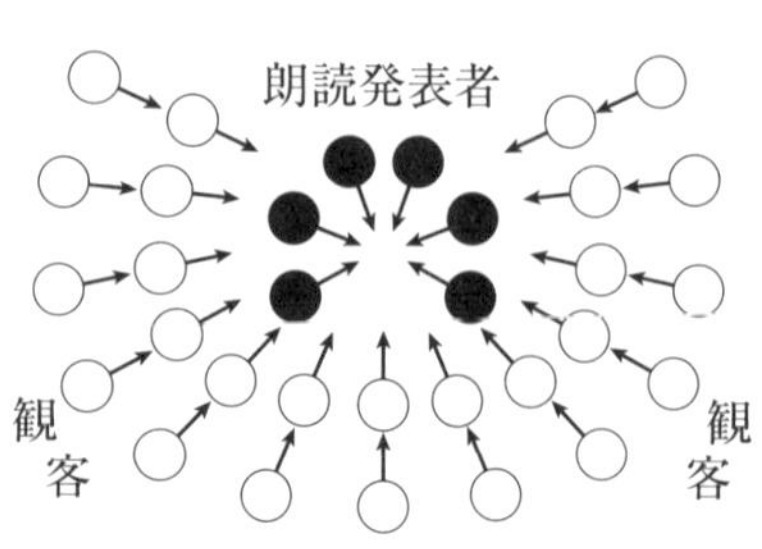

⑥　練習を繰り返す。

教師は全員を肯定的に捉えてほしい。うまい、へたにこだわらない。「間」のとり方や声の出し方など、朗読表現上の基本的な注意やコツを指摘しながら、全員を包容的な態度で指導する。

《特別な練習》

「一般的な練習」で紹介した内容に加えて、次のことを行う。

①　登場人物間の関係をよく知る。
・登場人物は何人いるのか、主人公はどんな人物か。
・それぞれの登場人物は誰に話しかけているか（聞き手（クラスの子ども）にか、劇中の人物にか）。
・作品の中ではどんなことが起こって、どのように進行しているか（筋の変化）。
・作品の中心はどこか、どこがクライマックスか、どこでどんなふうに終わっているか。

②　朗読する上での表現上の注意点を確認する。
・姿勢をお互いに確かめ合う。声が一番出やすい姿勢を確かめる。
・分かりやすく、語るように読む。ゆっくり、はっきり。
・教室の隅まで通る声の出し方を工夫する。
・語調、語句、語勢を互いにチェックして、全体の調和を考え、朗読のリズムをつくる。

③　発表の形態と朗読者の位置を決定する。
教室でクラスの全員とどのように向き合うのか。対面型

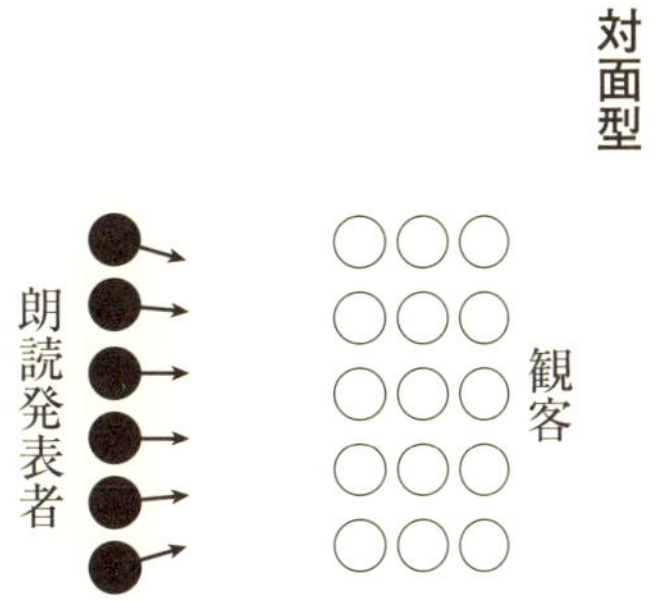

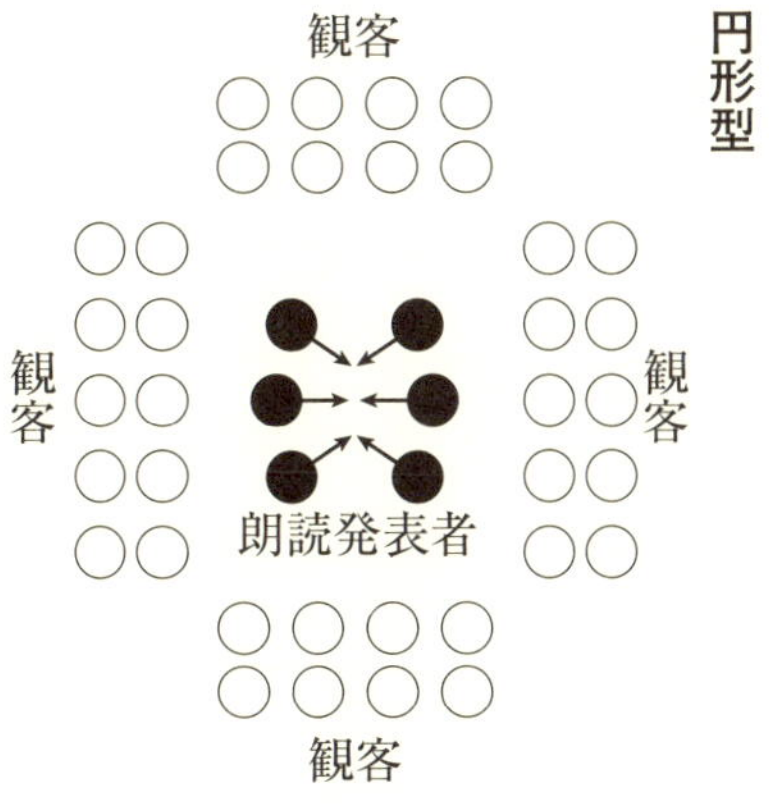

か、半円形型か、円形型か、対話型か、その形態によって、個々の発表者の位置が決まる。

④ ビデオ等を使用して、位置関係や表現方法に問題があれば直し合う。

練習過程をビデオやテープにとっておき、後からみんなで見たり聞いたりしながら、どこがよいか、どこを直したらよいか、反省の資料にする。

⑤ ウォーミングアップ

これは練習のはじめに行う、体をほぐし、緊張感をとりのぞくための柔軟体操である。

●体のリラックス

i　みんなでラジオ体操をする。

ii　体の中から緊張感を抜く練習をする。

・タコになった感じで、手足をゆっくりとバラバラに動かして全身から力を外に振り落としていく動作を繰り返す。

・おなかの中央、へその中あたりにどろどろの絵の具のかたまりがあると考え、体をゆっくり動かしながらその絵の具を体全体にとかし込んでいく。

・次にその体全体にとけ込んだ絵の具を、タコの動作を繰り返しながら、手の先や足の先、口の中から外にしぼり出すように、力を抜いて全身から出していく。そのとき、「アー、アー」などと声も出す。

●声のリラックス

椅子に腰掛けて声を出す。

・大きく口を開けたり、閉じたりする。

・舌を大きく出す、巻く、上あごにつける、下あごにつける（これは口の中の筋肉を柔軟にする訓練である）。

・滑舌《かつぜつ》訓練、呼吸のしかた（ゆっくり、速く、深く、浅くなど）や腹式呼吸の訓練、大きく息を吸い込んだあと静かに「レロレロレロレロレロ……」と長く言い続ける訓練などを行う。

・首をゆっくりまわしながら、体の力を抜いて「ラー」「マー」などと、一呼吸いっぱいに発声する（その日、一番声が出やすい首の位置をさぐる）。

・次に母音を組み合わせたことばを、はじめはゆっくり、次第に速く言う練習を繰り返す。

　ぱらぱらぱらぱらぱらぱら……

　ぼろぼろぼろぼろぼろぼろ……

しとしとしとしとしと……

げろげろげろげろげろ……

れろれろれろれろれろ……

・さらに、教室の一番奥を想定して、その位置に向かってやわらかく、声が届くように発声する。

道徳朗読劇資料編

道徳朗読劇　小学校中・高学年用

千羽づる

◆ねらい　1―(4)　誠実に、明るい心で楽しく生活する。

◆あらすじ

同じ演劇クラブの和子が、心臓の手術を受けるために入院していた。洋子たちは手術の前に和子を励ますために、みんなで千羽づるを折ってお見舞いにいくことになる。明日までに分担したつるを折らなければならない洋子だったが、急に親戚の姉さんから、今夜のクラシックバレエ公演のチケットが手に入ったと知らせがくる。大好きなバレエ。でも、千羽づるを折らなければ。洋子は迷うが、帰ってきてからやればいいと考える。

そして、実際に帰ってきてから折り始めるが、疲れて寝てしまう。

翌朝、早く起きて折ろうと思うが、それもできなかった。その日、学校を休もうとも考えるが、別の心の声が「夕べ、急に熱がでたと言えばよい」と言う。

学校へいくと、みんなは眠かったけどがんばったと折ったつるを持ってくる。洋子はわるいと思いながらもうそを言う。しかし、みんなはその洋子の言葉を信じて、同情する。

お見舞いを明日にのばそうかと言っているところへ、和子の手術が早まったので、今日お見舞いにいかなければだめだとわかる。みんなは洋子の分を手分けして、休み時間等を利用して千羽づるを折る。洋子のからだを案じて、みんなは洋子には作業をさせてくれない。

こうして作り上げた千羽づるを持ってみんなで午後、病院にいく。みんなの真心のこもった千羽づるを手にして和子は喜ぶ。その姿を見ているうちに洋子の心は次第に重くなってくる。「洋子、ほんとのことを知っているのはお前だけだよ」と心の声がささやくが、洋子の心は晴れない。

遠くで稲妻が走っている。洋子は心の痛みに耐えるようにじっと窓辺に立ちすくんでいた。

登場人物

洋子《ようこ》A　あや子《こ》

洋子B（心の声）　なおみ

明夫《あきお》　和子《かずこ》

悦子《えつこ》

洋子A　同じ演劇《えんげき》クラブの、安岡和子《やすおかかずこ》さんが心臓《しんぞう》の手術をすることになった。わたしたちクラブの仲間は、千羽《せんば》づるを折って、明日、病院にお見舞《みま》いにいくことを約束《やくそく》した。

明夫　ぼくも仲間にはいった。男だって千羽《せんば》づるを折ってみせる。仲間の和子のためだ。必ずやってみせる。

あや子　明日の朝までに、一人、五十羽のつるを折っていくのは大変だ。でも和子さんのためよ。絶対にやる。

なおみ　今日はわたしの誕生日《たんじょうび》だった。でも家族《かぞく》でのお祝《いわ》いの会は、明日にのばしてもらい、わたしはその晩《ばん》、つるを一生懸命《いっしょうけんめい》に折った。

洋子A　もちろん、わたし、洋子《ようこ》もつるを折った。家に帰ってからずっと。ところが夕方近く、いとこの悦《えつ》ちゃんから思いがけない電話がきた。

悦子　モシモシ、洋子ちゃん。実《じつ》はね、あんたの大好きなモダンバレエのチケットが手にはいったの。それが今夜。ええ、もちろん、今夜一回限りの公演《こうえん》。七時よ。あたしもいくから。

洋子A　大好きなバレエのきっぷ。でも、でも、この千羽《せんば》づる、どうするの？　迷った。でもそのとき、別の声が、私の別の心の声がささやいた。

洋子B　めったに見られないモダンバレエの公演《こうえん》だよ。つるを折るのなんか、帰ってからやればいいよ。

洋子A　わたしの心は決まった。そうね、帰ってからやればいい。……わたしはバレエを見にいった。楽しい夜だった。でも、その晩《ばん》、帰ってからつるを折るのは大変だった。もう眠《ねむ》くて、眠《ねむ》くて……。そんな私に別の心の声がささやいた。

洋子B　やめなよ洋子。明日の朝、早く起きてやればいいよ。

洋子A　わたしは寝《ね》てしまった。翌朝、目覚《めざ》まし時計が鳴《な》ったのも知らず。……目を覚《さ》ましたときは学校へいく時間だった。どうしよう。約束《やくそく》の千羽《せんば》づるができていない。わたしは迷った。学校を休もうかとも思った。

洋子B　しかたがないよ。夕べは急に頭が痛くなって、そうそう、熱もでたって言えばいいよ。

洋子A　そんなうそを言うの、いや！

洋子B　ほかにいい方法があるって言うのかい？　だったらお見舞《みま》いを、もう一日のばしてもらえばいい。それにほかの子だって、折り切れずにくるかもしれない。明夫《あきお》なんかあぶないよ。

洋子A　そうね、うそをつくのはいやだけど、しかたない。……わたしはそのまま学校へいった。

明夫　夕べ、眠《ねむ》くてさ、大変だったよ。でもがんばったんだ。ほら見てよ。

洋子A　みんなは約束《やくそく》どおりつるを折ってきた。わたし

だけが……わたしはみんなにあやまった。

あや子　しかたないよ。熱がでたんじゃ。それよりいまはだいじょうぶなの、洋子、心配だわ。

洋子A　みんなはやさしく、わたしのからだのことを心配してくれた。そのときだった。

なおみ　ねえ、聞いて。夕べ、和子さんのお母さんからうちのママに電話がきたの。手術の日が明日に決まったんだって。

あや子　明日？　……じゃあどうしてもこの千羽《せんば》づる、今日じゅうにとどけなければだめよ。

明夫　でもさ、洋子の分が……。

あや子　みんなでやろう。力をあわせれば、放課後《ほうかご》までにはなんとかなる。できるわ。

なおみ　やろう、やろう。洋子、あんたは無理《むり》しなくていいよ。

明夫　そうだよ。熱のでた翌日《よくじつ》は注意しろって、風邪《かぜ》をひいたとき、お医者に言われたよ。洋子、まかせとけ！

洋子A　みんなが親切にしてくれた。でもわたしの心は重くなっていく。そして夕方、わたしたちは折りあげた千羽《せんば》づるを持って病院にいった。

和子　ありがとう。こんなすてきな千羽《せんば》づる、わたしのためにみんなで折ってくれたのね。

洋子A　お見舞《みま》いにいったわたしたちの前で、和子さんはベッドの中から千羽《せんば》づるを、しっかりとにぎりしめた。……わたしはいたたまれなくなった。でも、わたしの別の心の声がまたささやいた。

洋子B　気にするな洋子、だれもお前自身《じしん》のほかは、ほんとうのことはなんにも知らないんだ。気にするな、気にするな。
明夫　どうしたんだ、洋子、顔色わるいぞ。また熱がでたんじゃないのか?
あや子　洋子は夕べ具合《ぐあい》がわるかったのよ。
和子　それなのに、わたしのために、ありがとう、ありがとう、洋子さん。
洋子A　和子さんの目にうっすらと涙《なみだ》がにじんだ。そして、心配そうにわたしを見つめるみんなの視線《しせん》を背中《せなか》にうけながら、わたしはたまらず窓《まど》べに歩いた。そのとき、遠く西の空にかすかな稲妻《いなずま》が走るのがみえた。

（おわり）

◆指導のポイント

① 洋子は千羽づるが折れなかったことを、どのようにいいわけしようとしたのでしょうか。
② そんな洋子を、みんなはどのようにうけとめたのでしょうか。
③ なぜお見舞いにいった洋子は、和子の前からたまらずに窓べに歩いていったのでしょうか。
④ 遠い西の空に走った稲妻は洋子の心にどのように感じられたのでしょうか。

◆指導上の留意点

・ラストの情景としてえがかれているような苦しい気持ちにならないためには、洋子はどうすればよかったのでしょうか。いろいろ考えを出し合ってみよう。

・人はだませても、自分はだませない、このことを具体的に資料を通じて、心に響かせる指導にポイントを置く。

◆関連ことわざ

・天知《てんし》る、地知《ちし》る、己知《おのれし》る。

道徳朗読劇　小学校高学年用

クラスの向こうに

◆ねらい　4―(2)　だれに対しても差別をすることや偏見をもつことなく公正、公平にし、正義の実現に努める。

◆あらすじ

転校してきたしのみは、新しいクラスになじめない。その主な原因は、達夫たち三人グループの粗野で荒々しい行動だった。

その中でからだの小さな誠は、まるでコマネズミのように達夫たちに扱われていた。みんなのカバン持ちから、雨の中のサッカーまで、達夫と清二はいやがる誠をしごいてからだを鍛えるのだという。

「これはいじめだ」しのみは、クラスのみんなに訴えるが、みんなは相手にしない。「あの三人は特別なウルフの群れだ」と言う。そんな冷たいクラスの目に反発するしのみは、やがてクラスの女の子の中心にいる礼子たちから「ウザイ」と疎んじられる。

ある日、しのみの靴が隠される。その靴をひろってきた達夫を、しのみは靴を隠した張本人だと誤解する。

翌日、学校へ行くとクラスは大騒ぎ。しのみは達夫が、しのみいじめの中心になった礼子を「きたねえことするな！」と、口論の末、突き飛ばしたことで、職員室に連れて行かれたことを知る。達夫の身を案じる誠や清二を見て、しのみははじめて三人の結び付きを知った。そして、「このクラスのいじめは、もっと、もっと奥深いところに隠れている」と気づく。

しのみは決心する。達夫のために職員室に向かうしのみの後を、誠と清二も……。

登場人物
しのみ　　礼子《れいこ》
達夫《たつお》　　めぐみ
清二《せいじ》　　ナレーターA
誠《まこと》　　ナレーターB

ナレーターA　しのみは新しくこの学校に転校《てんこう》してきた。でも、なかなかクラスになじめなかった。その一番の原因はクラスの雰囲気《ふんいき》だった。

ナレーターB　クラスにまとまりがないと言うか、グループもバラバラの感じで、みんな自分勝《じぶんかっ》手《て》に行動しているように思えた。

ナレーターA　そして何と言っても、しのみにとってショックだったのは、達夫《たつお》と清二《せいじ》、そして誠《まこと》の三人の行動だった。このグループの中で、いつも誠がコマネズミのように扱《あつか》われ、達夫たちの言いなりになって動いていることだった。

達夫　誠、グズグスしてるんじゃねえよ。早くついてこい。

誠　だって、このカバン、重いんだよ。

達夫　きたえてやっているんだぞ。お前のからだへなへなだろ、仲間としてサッカーまともにできねえんだから。

清二　そうだぞ、ありがたく思え。

ナレーターB　その日もからだの小さな誠は、達夫たちのカバンを背中《せなか》にかついだり、手に持ったりしながら、ヨタヨタと教室を出ようとしていた。

ナレーターA　そんな誠に対する達夫たちの行動を、クラスのみんなは見て見ぬふりをしていた。しのみは決心《けっしん》した。思い切って達夫の前に立った。

しのみ　あのう……誠さん、かわいそうです。誠さん、いやがってる行為《こうい》だと思います。

達夫　何だ、お前、しのみって言ったっけ。お前、おれにもんくつける気かよ。

しのみ　もんくじゃありません。ただ見ていられないんです。

達夫　だったら見るな。

清二　見ていられなかったら、もとの学校にもどれよ。達夫くんにもんくつけるなんて、はじめて見たぜ。おれか、おれ清二って言うんだ。

ナレーターB　転校してきたしのみが達夫に注意したという話は、さっそくクラスのみんなに伝わった。

翌朝《よくあさ》、しのみが登校《とうこう》すると、すぐにいつもクラスの女の子の中心にいる礼子《れいこ》がしのみの机に来て言った。

礼子　ちょっと、言っておくけどね。達夫たちをみんな陰《かげ》で「ウルフの群《む》れ」って呼んでいるんだよ。

しのみ　ウルフの群《む》れ？

礼子　そう、狼《おおかみ》の群《む》れ、マンガやアニメによく出てくるだろ。とにかくね、あの子たちは特別なんだよ、やってることが。みんなついていけないの。だから、あんた、達夫たちにつべこべ言わない方がいいのよ、わかった？

ナレーターB　その後《あと》、隣《となり》の席のめぐみが解説者《かいせつしゃ》の口調《くちょう》でつけたして言った。

めぐみ　達夫くんちのお父さんは町工場《まちこうば》の経営者《けいえいしゃ》。この町に古くからある工場《こうば》。清二くんのお父さんはそこの会計主任《かいけいしゅにん》だって言ってた。誠くんのお父さんも、お母さんも、達夫くんの

郵便はがき

料金受取人払郵便

名古屋中支店
承　認

2583

差出有効期間
平成22年1月
15日まで

4 6 0 - 8 7 9 0

263

名古屋市中区
丸の内三丁目6番27号
（EBSビル八階）

黎明書房 行

購入申込書

●ご注文の書籍はお近くの書店よりお届けいたします。ご希望書店名をご記入の上ご投函ください。（直接小社へご注文の場合は代金引換にてお届けします。送料は200円です。但し，1500円未満のご注文の場合，送料は500円です。お急ぎの場合はFAXで。）

（書名）	（定価） 円	（部数） 部
（書名）	（定価） 円	（部数） 部

ご氏名　　　　　　　　　　　　TEL.

ご住所 〒

ご指定書店名（必ずご記入下さい。）	取次・番線印	この欄は書店又は小社で記入します。
書店住所		

愛読者カード

―

今後の出版企画の参考にいたしたく存じます。ご記入のうえご投函くださいますようお願いいたします。図書目録などをお送りいたします。

書名	

1.本書についてのご感想および出版をご希望される著者とテーマ

※ご記入いただいた個人情報は，当社出版物の企画の参考とさせていただくとともに，ご注文いただいた書籍の配送，お支払い確認等の連絡および当社の刊行物のご案内をお送りするために利用し，その目的以外での利用はいたしません。

※上記のご意見を小社の宣伝物に掲載してもよろしいですか?

□ はい　□ 匿名ならよい　□ いいえ

2.過去一カ年間に図書目録が届いておりますか?　いる　いない

ふりがな
ご氏名　　年齢　歳
ご職業　（男・女）

（〒　　）
ご住所
電話

ご購入の書店名		ご購読の新聞・雑誌	新聞（　　） 雑誌（　　）

本書ご購入の動機（番号を○でかこんでください。）

1.新聞広告を見て（新聞名　　）　2.雑誌広告を見て（雑誌名　　）　3.書評を読んで　4.人からすすめられて　5.書店で内容を見て　6.小社からの案内　7.その他

ご協力ありがとうございました。

　お父さんの工場《こうば》で働《はたら》かせてもらっているというわけでーす。

ナレーターA　どんな事情《じじょう》があるにしても、しのみには誠くんがかわいそうでならなかった。それから間《ま》もなくの、ある雨の日の出来事《できごと》だった。昼休み、達夫が例《れい》によって、教室へ入ってくるなり大声で言った。

達夫　頭にくるよな。体育館《たいいくかん》でサッカーの練習してたら、みんなにめいわくがかかるからやめなさいだってさ。面白《おもしろ》くねえの。……なあ、みんな、何かみんなでゲームやろうぜ。ゲーム。

ナレーターB　いくら達夫がさそっても、クラスのみんなは反応《はんのう》しなかった。本を読む者、仲良しのグループでトランプをする者、だれも達夫を振り向こうともしなかった。

達夫　ちくしょう！

ナレーターB　おこったような顔つきになると、達夫は清二と誠に言った。

達夫　校庭《こうてい》へ出て、サッカーの練習だ！

清二　えーっ、こんな雨の中で……。

誠　いやだよ。ずぶぬれになっちゃうよ。

達夫　うるさい、つべこべ言うな、やるんだ！

ナレーターA　いやがる誠を校庭《こうてい》に連れ出して、雨の中、泥《どろ》んこになってサッカーの練習をする達夫たちを見て、しのみの胸《むね》は痛んだ。

ナレーターB　その日、帰りの話し合いの会に、しのみは思い切って「雨の日の過《す》ごし方」を議《ぎ》題《だい》として提案《ていあん》した。みんなが楽しく過《す》ごせる休み時間になるように、ただその一《いち》念《ねん》からだった。

ナレーターA　でも達夫以外にはだれも、それを議題《ぎだい》とすることに賛成《さんせい》しなかった。それどころか、その翌日《よくじつ》から、しのみに対して礼子たちのグループの冷たい目がそそがれるようになった。

そんな空気をめぐみがそっとしのみに伝えた。

めぐみ　ねえ、しのみさん、気をつけた方がいいよ。陰《かげ》で礼子さんたちが言ってたよ。

しのみ　何て、何て言ってるの？

めぐみ　ウザイって。

しのみ　ウザイ？

めぐみ　転校《てんこう》してきたばっかりなのに、でしゃばりすぎるって。

しのみ　でしゃばるって、そんな気持ちでわたし提案《ていあん》したんじゃない。

めぐみ　でも礼子さんたちは言ってた。しのみさんのこと、クラスに嵐《あらし》をもちこむ魔女《まじょ》だって。

しのみ　魔女《まじょ》！

ナレーターB　しのみは悲しかった。自分はただクラスを明るくしたいばっかりに行動したのに……。

そして、間《ま》もなくめぐみの懸念《けねん》どおり、事件《じけん》が起こった。

ナレーターA　その日、下校《げこう》しようとしたしのみは、靴《くつ》箱《ばこ》から自分の靴《くつ》が消えているのに気づいた。途方《とほう》にくれているとき、達夫が近づいてきた。

達夫　これ、お前の靴《くつ》じゃないのか？

ナレーターA　見ればたしかにしのみの靴《くつ》だった。

達夫　教室のゴミ箱に投げ込んであったんだ。

ナレーターA　無言《むごん》で達夫の手から靴《くつ》をとると、しのみは急いで走り去った。

達夫　お前、おれがやったと思ってんのか！

ナレーターB　達夫の声が後《あと》を追ってきたが、しのみは振《ふ》り向《む》きもせずに一気《いっき》に門まで走った。

ナレーターA　翌日《よくじつ》の朝、しのみが登校《とうこう》すると、教室がざわめいていた。

しのみ　どうしたの、めぐみさん、何かあったの？

めぐみ　たいへんよ。ウルフが牙《きば》をむいたの！

しのみ　ウルフって、達夫さんが？

めぐみ　けさ、登校《とうこう》するなり、達夫くんが礼子さんに暴力《ぼうりょく》ふるったのよ。

しのみ　暴力《ぼうりょく》!?

めぐみ　突《つ》き飛《と》ばしたんだって。それでいま先生が来て、職員室《しょくいんしつ》へ達夫を連《つ》れて行ったわ。きつく叱《しか》りつけるって、先生たちが話していたって。

しのみ　（モノローグ）やっぱり達夫さんはウルフだったんだ。礼子さんたちが言ってたとおり、その本性《ほんしょう》を現《あらわ》したのかもしれない。

ナレーターB　しかし、昨日《きのう》の帰り、靴《くつ》を渡《わた》してくれた達夫のあの真剣《しんけん》な顔が、妙《みょう》にしのみの心に焼きついていた。そのときだった。誠がいつの間《ま》にかしのみの後《うし》ろに立っていて、つぶやくようにしのみに言った。

誠　達夫くん、礼子さんたちが、き、きみの靴《くつ》をゴミ箱に隠《かく》したのを知って、お、おこっていたんだ。それでけさ、早く来て、礼子さんをつかまえて、あんなきたねえことやめろって言ったんだ。でも礼子さんが、何しようとこっちの勝手《かって》だと言ったんで、カーッとなって……。お、おれ、達夫くんが、先生たちに叱《しか》られるの、心配なんだ。

ナレーターB　誠の何かにおびえたような目が訴《うった》えていた。しのみはぼうぜんとした気持ちで椅《い》子にすわった。しのみのまぶたに礼子をせめる達夫の姿《すがた》が浮《う》かんでいた。

達夫　やめろよな、靴《くつ》を隠《かく》すなんて、きたねえことは。

礼子　あの子は、嵐《あらし》をもちこむ魔女《まじょ》だよ！

達夫　やめろ、やめろ、やめろ！

ナレーターA　しのみの心に大きな渦《うず》が巻《ま》き起こっていた。

しのみ　（モノローグ）達夫さんは、いじめっ子じゃない。わたしには見えなかった。クラスのいじめは、もっと、もっと、その向こうにある。

ナレーターB　しのみの心に不安はあった。これからどうしていったらいいのか……。しかし、しのみはだまって誠の手をとると廊下《ろうか》に出た。

しのみ　職員室《しょくいんしつ》へ行くの、達夫さんのところへ……。

誠　うん。

ナレーターA　二人の後《あと》に、清二の姿《すがた》もあった。長い廊下《ろうか》を三人は無言《むごん》で歩いていった。

（おわり）

◆指導のポイント

①　しのみはどのようなことから、誠が達夫たちによるいじめにあっていると考えるようになったのでしょうか。
②　しのみはクラスのみんなに、どうしたら誠をいじめから救えると考えたのでしょうか。
③　クラスのいじめは違うところにあるとしのみが考えたのは、どのようなことからでしょうか。
④　最後の場面でしのみがした選択について考えてみましょう。
⑤　クラスの中にある差別やいじめは、どのようなきっかけから始まるのか、考え合っていきましょう。

◆朗読上の留意点

・二人のナレーターは、互いに間と朗読のきっかけを考えて読もう。できるだけゆっくりと力強く、登場人物の心の動き、特にしのみの心理的な変化を、よく考えて読もう。

・互いに対立する場面では、はっきり相手に向かって言うように、想像力で相手を捉えて読もう。こうした場面では、できるだけ早口にならず、感情をこめてセリフを読むように練習しよう。

道徳朗読劇　小学校高学年用

ひろしのメモ帳

◆ねらい　4―(5)　父母、祖父母を敬愛し、家族の幸せを求めて、進んで役に立つことをする。

◆あらすじ

その日は和樹の所属している少年サッカーチームの、地区大会の準々決勝の日だった。必ず応援にいくとその朝約束した父母と弟のひろしが、試合場に姿を見せなかった。ほかの仲間の家族の応援の中、和樹の放った見事なシュートでチームは勝った。その晴れの姿も見ないで、試合の終わり頃、父だけが試合場に駆けつけた。

拍手をして勝利を喜ぶ父の姿を見ても、和樹は喜べなかった。母が来られず、父だけが、それも遅れて来たのには理由があった。弟のひろしが持病の小児ぜんそくの発作を起こしたのである。

その夜家に帰ると、ひろしは発作がおさまり、ベッドから起きてテレビを見ていた。和樹の気持ちはおさまらなかった。子ども部屋に戻った和樹はひろしに「お父さんやお母さんが、ぼくのサッカーの試合に夢中になるのがうらやましくて、わざと発作を起こしたんじゃないか？」と言う。「ひどい、お兄ちゃん……。」涙ぐんだひろしを見て、和樹は口をつぐんだ。

数日後、ひろしが突然通院していた病院に入院した。前から頼んでいた国立病院の小児ぜんそくの専門医に診てもらえることになり、そのための検査入院だという。

その夜帰宅した父は、明日、町の病院にいるひろしに会いにいこうと和樹に言う。新しく入る国立病院は隣の県なので、しばらく会えなくなるのだ。しかし、明日は今度の準決勝の前の練習だからだめだと和樹はことわる。

そのとき、母がメモ帳を取り出し、父に渡した。ひろしのベッドの横に置いてあったという。見終わった父は、だまってそのメモ帳を和樹に渡した。

メモ帳にはいろいろなイラストがかかれていたが、終わりの部分に、少年サッカーチームの選手の絵と、その横にかかれた「ぼくの兄ちゃん、ガンバレ、ガンバレ、ナイスシュート、ガンバレ、ガンバレ」の文字があった。先週の試合の日に、発作のおさまったひろしがベッドの中でかいたものだった。

和樹の心はひろしのもとに走った。子ども部屋に入ると和樹は、ひろしのメモ帳の続きに「ひろし、ガンバレ、ガンバレ、ガンバレ、ガンバレ」とつづった。そして、明日はみんなにことわって、ぜったいにひろしに会いにいこうと心にちかっていた。

登場人物
和樹《かずき》
ひろし
父
母
ナレーター

ナレーター　日曜日、その日はサッカークラブの地区大会の日だった。和樹《かずき》の所属《しょぞく》している星《ほし》ケ《が》丘《おか》サッカーチームと、隣《となり》の町の光洋台《こうようだい》サッカーチームの準々決勝《じゅんじゅんけっしょう》の試合《しあい》だった。

和樹　お父さんも、お母さんも、それからひろしも、かならず応援《おうえん》にきてよ。

母　もちろん、みんなで行くわよ。がんばってね。

父　ぜったい勝てよ。そうしたら今夜はお祝《いわ》いの夕食会になるからな。

ひろし　お兄ちゃんのスーパーシュート、見たいもん。

和樹　ばっちり決めてみせるよ。

ナレーター　ところが、朝家を出るときあれほど約束《やくそく》したのに、試合《しあい》がはじまっても和樹の家族はだれも姿を見せなかった。

和樹　（モノローグ）どうしたんだろ、お父さんも、お母さんも、それにひろしだって……。

ナレーター　第三試合《だいさんしあい》、和樹のチームの試合《しあい》がはじまった。和樹以外《いがい》のメンバーの家族《かぞく》はみんな応援《おうえん》にきていた。家族《かぞく》の大きな声援《せいえん》を受けて、メンバーたちは張《は》り切《き》って球《たま》を追ってグラウンドをかけまわっていた。

和樹　（モノローグ）でも、ぼくの家族《かぞく》の姿《すがた》はない。ぼくの胸《むね》にいきどおりがわいた。そんな気持ちを爆発《ばくはつ》させるように、ぼくはボールをけりあげた。

ナレーター　和樹の鋭《するど》いシュートが相手のゴールネットにつきささった。大きな歓声《かんせい》が星ヶ丘《ほしがおか》チームの応援席《おうえんせき》からあがったが、和樹の気持ちは晴《は》れなかった。

和樹　（モノローグ）父の姿《すがた》が見えたのは試合《しあい》が終わる少し前だった。ぼくのあの見事《みごと》なシュートも見ないで、父は星ヶ丘《ほしがおか》チームの勝利《しょうり》を、ほかのメンバーの家族《かぞく》とともに手を叩《たた》いて喜んでいた。でも、ぼくの心は満《み》たされなかった。

ナレーター　その日の夕方、家に帰ると和樹はいきなり言った。

和樹　うちの親って、愛情《あいじょう》がないんだ。

母　事情《じじょう》があったの、しかたなかったのよ。

父　ひろしがね、出かける前になって急に具合《ぐあい》が悪くなったんだ。

和樹　またひろしが……。

ナレーター　弟のひろしは小学校の二年生、幼稚園《ようちえん》のときから小児《しょうに》ぜんそくで病院通《がよ》いを続けていた。ひろしは年に何回か激《はげ》しい発作《ほっさ》を起こして苦しむことがあった。今日もその発作《ほっさ》を起こして両親《りょうしん》をおどろかせたという。

和樹 でも、そのひろしは夕食の頃は元気になって、ベッドから離《はな》れ居間《いま》でテレビを見ていた。

母 そんなわけで今日はお祝《いわ》い会の御馳走《ごちそう》をつくる材料を買いそびれてしまったの、ごめんね。

和樹 チェッ、おもしろくない。おいひろし、お前のためにみじめな夕食会になってしまったぞ。

母 そんなこと言うものじゃないわ。

和樹 だってそうだもの、ぼくにとって大事《だいじ》な試合《しあい》の日だったんだ。ぜひ、お父さんやお母さんに、ぼくの活躍《かつやく》、見てもらいたかったんだ。それなのに……。

父 しかたないだろう。ひろしだって好きで発作《ほっさ》を起こしたわけではないんだよ。

ナレーター その夜、子ども部屋《べや》でひろしと二人になったときも、和樹はまだ気持ちがおさまらなかった。

和樹 ひろし、お前、ほんとはお父さんやお母さんが、ぼくのサッカーの試合《しあい》に夢中《むちゅう》になるのを見て、うらやましくなって、それで無理《むり》に発作《ほっさ》を起こしたんじゃないか？

ナレーター 和樹のことばに、ひろしはくやしそうに言いかえした。目には涙《なみだ》も浮かべていた。

ひろし ひどいよ、ひどい、お兄ちゃん。

和樹 （モノローグ）ぼくは少し言いすぎたかなと思った。でも胸《むね》のうっぷんを吐《は》き出したくて言ったんだ。だって、発作《ほっさ》を起こしたと言ったって、そのときはもうケロッとしているひろしを見ていたら、何か一言《ひとこと》言いたくなった。

ナレーター　それから数日後《すうじつご》、学校から帰ると家の中が妙《みょう》に静かだった。だれもいない居間《いま》に母の置き手紙があった。

母　（手紙を読む声）今日、病院から連絡《れんらく》があって、ひろしのぜんそく治療《ちりょう》について、以前《いぜん》からお願いしていた隣《となり》の県にある国立病院《こくりつびょういん》のぜんそく専門《せんもん》のお医者様が診《み》てくれることになったの。それで今日、以前《いぜん》からかかっていた有田病院《ありたびょういん》に検査入院《けんさにゅういん》して、二日後《ふつかご》に国立病院《こくりつびょういん》に移《うつ》るそうです。夕食は冷蔵庫《れいぞうこ》におかずを用意してありますから、食べて待っていてください。母より。

ナレーター　その夜おそく、父と母が病院からもどってきた。

父　ひろしがお兄ちゃんに会いたがっていたぞ。国立病院《こくりつびょういん》に行ったらしばらく会えないからな。どうだ、明日学校が終わったら、お父さんとひろしのところへ行くかい？

和樹　明日……？　だめだよ。準決勝《じゅんけっしょう》に向けた大事《だいじ》なサッカーの練習があるよ。

母　でも、ひろしは会いたいみたいよ。

和樹　そんなの勝手《かって》だよ。しかたないよ。

父　しかたないか、たしかに和樹にとっては大事《だいじ》な試合前《しあいまえ》の練習だな、でもひろしの気持ちもわかるような気がするな。

和樹　（モノローグ）父はできればぼくに病院に行ってほしいらしい。でも、サッカーチームのみんなにめいわくをかけるわけにはいかない。

ナレーター　そのとき、和樹の母はだまってかばんの中から小さなメモ帳《ちょう》を取り出すと、和樹の父に渡《わた》した。

母　このメモ帳《ちょう》、さっきひろしの部屋を整理《せいり》していたら、ベッドの横に置いてあったの。

ナレーター　受け取った父は、しばらくメモ帳《ちょう》をめくっていたが、だまって和樹にそのメモ帳《ちょう》を渡《わた》した。

和樹　（モノローグ）何だろう、ぼくはふしぎに思ってひろしのメモ帳《ちょう》を、めくった。そこにはアニメの主人公《しゅじんこう》のイラストが乱暴《らんぼう》にえがかれていた。何だ、これ、ひろしのらくがき帳《ちょう》じゃないか。

父　その先をめくってみなさい。

和樹　（モノローグ）いつになくきびしい声で父が言った。言われるままにメモ帳《ちょう》の終わりの部分をめくって、ぼくははっとした。

ナレーター　そこには少年サッカーチームの選手《せんしゅ》のイラストがえがかれ、その横に「ぼくの兄ちゃん、ガンバレ、ガンバレ、ナイスシュート、ガンバレ、ガンバレ」と力強《ちからづよ》くかき連《つら》ね

てあった。

母　それをかいたのは先週のあの試合《しあい》の日よ。発作《ほっさ》がおさまったあと、ねながら何かかいてるなって見たんだけど、やっぱり和樹の試合《しあい》が心配だったのね。

父　ひろしもお前の試合《しあい》、楽しみにしていたんだよ。

和樹　（モノローグ）そのときぼくの耳は、はっきりとひろしの声を聞いた。

ひろし　お兄ちゃん、ガンバレ、ガンバレ、ガンバレ、ガンバレ、ガンバレ。

ナレーター　和樹はそのまま子ども部屋《べや》に行った。そして、ひろしのメモ帳《ちょう》に続きをかいた。それはベッドから立ち上がるひろしの姿《すがた》だった。和樹はその横にかいた。ひろし、ガンバレ、ガンバレ、ガンバレ、ガンバレ、ガンバレ。いつしか、和樹はひろしのベッドに向かって叫んでいた。

和樹　（大声で）ひろし、まけるな、ガンバレ、ガンバレ、ガンバレ、ガンバレ。

ナレーター　明日はみんなにことわって、ぜったいに病院に行く。和樹は心にちかっていた。

（おわり）

◆指導のポイント

①　和樹はなぜ「うちの親は愛情がない」と思ったのでしょうか。

②　家に帰った和樹は、弟にどのような感情をもったのでしょうか。その感情をあなたはどう思

いますか。

③　ひろしはどんな気持ちで、メモ帳にお兄ちゃんのイラストと「ぼくのお兄ちゃん、ガンバレ」の文字をかいたのでしょうか。

④　和樹はどんな気持ちで、ひろしのメモ帳の続きに、ひろしのイラストと「ひろし、ガンバレ」の文字をかき連ねていったのでしょうか。

⑤　和樹の気持ちを通じて、家族への思いをどのように感じ取ることができたか、まとめてみましょう。

⑥　あなたが、いま家族の一員として協力できることは、どのようなことですか、道徳ノートに書いてみましょう。

◆指導上の留意点

・小児ぜんそくの経験のある児童がいる場合は、資料の取り扱いに特に注意する。もしその病状、特に発作の苦しみなどを本人の了承を得て聞くことができるならば、ひろしの気持ちを内的に察する上でも、臨場感のある指導の選択肢の一つになる。しかし、重ねて取り扱いには注意する。

こうした仲間を受容的に受け止め、包み込む土壌をクラスに作る。

・和樹のセリフには、モノローグの場面と、相手に向かって話す会話とがある。この使い分けを十分考慮して指導する。

モノローグはナレーションと同じトーンで、みんなに語りかける表現をすることを理解させる。
・父や母のセリフはロールプレイの役割劇のように、愛情を内に秘めた感情をイメージして朗読させる。
・和樹の心情を中心に話を進めるが、それは、最後のメモ帳の場面で大きく転換する。つまり個人の欲求のために閉じ込められていた感情が、兄弟愛、家族愛に転移する。この心情の変化に焦点を合わせて指導案を構成する。

道徳朗読劇 小学校高学年用

母からの手紙

◆ねらい　1―(2)　より高い目標を立て、希望と勇気をもってくじけないで努力する。

◆資料の特色

野口英世の伝記に取材。老いた母シカが米国にいる息子英世に一目会いたくて、その帰国を望む一心から字を覚えながらつづった手紙を中心に、愛と情にゆらぐ英世の心にスポットを当てた物語。多くの人々から望まれていた細菌学の研究に踏みとどまる医学者としての英世の姿を通じて、ねらいに迫る。

◆あらすじ

福島県猪苗代湖畔の貧農に生まれた野口英世は、幼少の頃の名を清作といった。清作は一歳半のとき、手に大やけどをする。そのため左手首はだんごのように癒着した。このため学校にあがると、みんなから「てんぼう、てんぼう」と言われていじめられた。

「学校に行きたくない」と泣いて訴える清作に、母は「その手では百姓はできない。お前は勉強して、百姓ではない仕事につけ、そのためだったら、母ちゃんは身を粉にしても学資は稼ぐから」と言い、日夜を問わず働き続ける。

清作はこの母の姿にはげまされ、勉学にはげむ。その清作に母はさらに言い続ける。「勉強して、世のため、人のためにつくす人間になれ」と。

幸い、手術の結果、清作の左手の癒着はものが自由につかめるほどに回復する。この医学の力を目の当たりにして、清作は将来、医学の道を志す決心をする。

努力のかいがあって、医学の研究者となった清作は名を野口英世と改め、細菌学の研究にめざましい頭角をあらわした。その結果、さらに専門の道を極めるためにアメリカに渡り、ロックフェラー研究所の研究員となる。やがてメリーというアメリカ人の妻をもち、その研究は当時の難病、梅毒や小児マヒ等の病原体の研究へと進んでいた。

でも英世は一時も、日本に残っている老いた母のことは忘れなかった。小さなときに母から渡された観音様のお守り札も大切にもっていた。

そんなとき、突然、日本の母から一通の手紙が届く。老いた母が一目英世に会いたくて、夜ごと字を練習して書いた手紙だった。たどたどしい文面に、しかし、母の切ない情があふれている手紙だった。

息子に会いたい一心で書いたこの手紙を読んで、英世の心は乱れる。妻のメリーも夫の心を察して、日本に一度行って、母に会うことをすすめる。

だが、いまとりかかっている細菌の研究を途中で放棄して帰ることはできない、この細菌の発見と治療についての研究成果を待ち望んでいる大勢の人々がいる。

ここまできた研究を休むことは、英世の化学者としての心がゆるさなかった。

「清作、勉強して、世のため、人のためにつくす人間になれ。」

かつての母のことばを心にかみしめながら、顕微鏡を手にとる野口英世の姿がそこにあった。

登場人物
清作《せいさく》（後に英世《ひでよ》）
母（シカ）
メリー（英世の妻）
ナレーターA
ナレーターB

ナレーターA　黄熱病《おうねつびょう》などの伝染病《でんせんびょう》の研究でその名を世界に広めた医学者、野口英世《のぐちひでよ》は、福島《ふくしま》ナレーターB　県猪苗代湖《けんいなわしろこ》近くの貧《まず》しい農家に生まれました。細菌学《さいきんがく》の研究ではノーベル賞の候補《こうほ》にもなった英世は、医学者としてアメリカを中心に世界各地をまわり、なかなか日本に帰ることはできませんでした。

ナレーターA　でもその野口英世が、いつもはなさず持っていたものが、故郷《こきょう》の山、磐梯山《ばんだいさん》のふもとにあった観音様《かんのんさま》のお守《まも》り札《ふだ》でした。この観音様《かんのんさま》のお守《まも》り札《ふだ》には忘れることのできない思い出があったのです。

ナレーターB　英世は子どもの頃の名を清作《せいさく》と言いました。清作が一歳半のときでした。その日、一日の野良仕事《のらしごと》を終え、清作の母は家に帰ってくると夕食の準備にかかりました。そのとき、幼《おさな》い清作はいろりのそばで眠《ねむ》っていました。

母　そうだ、どうしても明日町に売りにいく野菜を仕分《しわ》けしなければ。

ナレーターB　いろりのそばで無心《むしん》に眠《ねむ》っている清作にやさしく語りかけると、母は裏《うら》の畑へ出ていきました。いろりには汁《しる》のいっぱい入ったナベをかけたままでした。

ナレーターA　それからしばらくたったとき、突然《とつぜん》、家の中から悲鳴《ひめい》があがりました。母が急いで家にかけこむと、そこにはもうもうとあがる灰かぐらの中で、泣き叫《さけ》ぶ清作の姿がありました。

母　（叫《さけ》ぶ）何しただ、清作！　清作！　清作よー！

ナレーターB　貧《まず》しい生活の中では、清作を町の医者に連《つ》れていくお金もありません。母は苦しむわが子をだきしめ、酢《す》とうどんこや薬草《やくそう》をねりまぜたぬりぐすりをつくり、やけどをしたところにはりつけました。
それから寝《ね》ずの看病《かんびょう》がはじまりました。

母　観音様、わたしはどうなってもいい、どうか清作だけは助けてくだせえ。

ナレーターA　毎日、ふだんから信仰《しんこう》していた観音様《かんのんさま》に母は祈《いの》り続けました。
二カ月後、右手と足のやけどの傷《きず》は治りましたが、左手の手首は、ただれて内側《うちがわ》に曲がったままでした。

母　清作、ゆるしてくれ、お前がこんな目にあったのは、みんな母ちゃんのせいだ。ゆるしてくれろ、ゆるしてくれろー。

ナレーターA　清作をだきしめたまま、母は涙《なみだ》にくれるのでした。

ナレーターB　小学校にあがると、清作は「てんぼう、てんぼう」とよばれて、村の子どもにいじめられました。

清作　おっ母あ、おれ、もう学校に行きたくねえ。行きたくねえ。

母　何言うだ、清作。その手じゃ、お前には畑仕事はできねえ。わかってくれろ。

清作　いやだ、いやだ。行きたくねえ……。

母　勉強だ、勉強をして、百姓《ひゃくしょう》じゃねえ仕事につくんだ。お前の勉強のためだったら、母ちゃんは身を粉《こ》にしても働《はたら》く。お前のその手のために、学問《がくもん》のための金をかせぐから。ぜひとも、この観音様《かんのんさま》のお守《まも》りをしっかり身に付けて、勉強しておくれ。

ナレーターA　母の真剣《しんけん》なまなざしにはげまされて、清作は勉強にはげんでいきました。

ナレーターB　母は農作物《のうさくぶつ》や薪《まき》をせおい、猪苗代《いなわしろ》と若松《わかまつ》の間の道を、片道《かたみち》五時間近くかけて、お金をかせぐために売り歩きました。

ナレーターA　清作はその母の姿《すがた》を見て、ひたすら勉強にはげみました。幸いに左手のやけどのあとは、その後の手術の結果、ものをつかめるほどに回復《かいふく》しました。清作は医学の力におどろくとともに、将来《しょうらい》自分も医学の道に進もうと決心《けっしん》しました。

ナレーターB　その後、東京へ出た清作は努力のかいがあって、医師の試験《しけん》に合格し、名前も英世と改《あらた》め、やがて細菌《さいきん》の研究にとりかかりました。

ナレーターA　間もなく一人アメリカに渡《わた》った英世は、ロックフェラー研究所の研究員となり、細菌学《さいきんがく》の研究に本格的《ほんかくてき》にとりかかったのです。

ナレーターB　やがて、英世はメリーというアメリカ人と結婚《けっこん》し、細菌学《さいきんがく》の研究でも世界にその名を知られるような医学者になっていました。

英世　母さん、元気でいますか？

ナレーターA　今日も英世は、研究の合間《あいま》、疲《つか》れたからだを休めながら、観音様《かんのんさま》のお守《まも》り札《ふだ》を手に、日本にいる母の姿《すがた》を思い浮《う》かべていました。

そこへ、妻《つま》のメリーが一通の手紙をもって、研究室に入ってきました。

メリー　ヒデヨ、ニホンカラ、テガミキマシタ。

英世　日本からの手紙？

ナレーターB　見るとそれは、日本にいる母シカからの手紙でした。（間を置いてから）たどたどしい文字でつづられた手紙でした。何度も何度も読んでいるうちに、英世の目には涙《なみだ》があふれてきました。

メリー　ヒデヨ、ナニカタイヘンナコト、ニホンデ、オコリマシタカ？

英世　いや、そうではない。これを見ておくれ。君から見たら、何と幼《おさな》い子どもの書いた手紙と思えるだろうね。でもこれは日本にいる、年とった母がわたしにむけて、帰ってきておくれ、一目《ひとめ》会いたい、その一心《いっしん》で字を思い出し思い出し、書いた手紙なんだよ。

メリー　ヨカッタラ、ヨンデクダサイ。

英世　ぜひ、聞いてほしい。（ゆっくり読む）
おまィの　しせにわ　にわ　みなたまけました

ナレーターA　（ゆっくり説明する）お前の出世《しゅっせ》には、みんなたまげています。

英世　わたしもよろこんでをりまする　はるになるト　みなほカイドに　いてしまいます

ナレーターA　わたしもよろこんでおります。春になると、みんなが北海道《ほっかいどう》に行ってしまいます。

英世　わたしも　こころぼそくなりまする　ドカはやくきてくだされ　はやくきてくだされ　はやくきてくだされ　はやくきてくだされ　はやくきてくだされ

ナレーターB　わたしは心細《こころぼそ》くなります。どうか早く来てください、早く来てください、早く来てください、早く来てください、早く来てください。

母　（ナレーターBにかぶせるように）はやくきてくだされ、はやくきてくだされ……いしょのたのみて　ありまする　にしさむいてわ　おかみ　ひがしさむいてわおかみ　しておりますきたさむいてわ　おがみおります　みなみたむいてわおかんておりまするはやくきてくだされ　いつくるトおせてくだされ　これのへんちち　まちてをりまする　ねてもねむられません

メリー　アナタ　トオイニホンデ　ママハ　ヒデヨニアイタクテ　ソノイッシンデ　コノテガミヲ　オカキニナッタノデスネ　アナタ　コノステキナママノココロニ　ムクイルタメニモ　スグニホンニイチド　オカエリニナッタホウガイイ、ワタシハススメマス。

英世　わたしもすぐにも日本に帰国《きこく》して、年とった母に会いたい。でも、でも、ここまで来た細《さい》菌《きん》の研究はどうなる。

メリー　シカシ、アナタ　モウアナタノママハ　トシヲトラレ　カラダモヨワクナッテイマス。

イマカエラナケレバ　アトデコウカイスルコトニ……。

英世　でも、いまとりかかっている細菌《さいきん》の研究を、ここでやめて日本に帰ることはできない。大《おお》勢《ぜい》の人々の命がこの研究の成果《せいか》で助かるんだ。

ナレーターA　英世は苦しみました。早く母に、年老《としお》いた母に会いたい。しかし、医学者としての大きな目的、人々の命を一刻《いっこく》も早く救《すく》うための細菌学《さいきんがく》の研究をここで休むことはできなかったのです。

英世　（モノローグ）母さん、母さんはわたしが子どもの頃《ころ》、わたしに言い続けました。勉強して、世のため、人のためにつくす人間になれと。いまはその志《こころざし》を果《は》たす、大事《だいじ》な細菌《さいきん》の研究が進んでいるときなのです。待ってください。この目的《もくてき》を果《は》たせたら、すぐにも帰ります。待っていてください。

ナレーターB　英世は母への思いを胸《むね》に、研究室に入っていきました。そのとき英世の耳にはっきりと母の声が聞こえてきました。

母　清作、勉強して、世のため、人のためにつくす人間になれよー。世のため、人のためにつくす人間になれよー。

（おわり）

◆指導のポイント

①　英世が医学の道に入ろうと決意したのは、どんなことからだったのでしょうか。
②　母は英世に、勉強してどんな人になってもらいたいと願っていたのでしょうか。
③　母の手紙を読んだ英世は、どのような気持ちになったのでしょうか。
④　英世がすぐに日本に帰らなかったのは、どのような理由からでしょうか。
⑤　希望をもって、一つのことをやりとげるためには、どんな努力が必要なのか、考え合ってみましょう。

◆朗読上の留意点

・前半はナレーションが大事な進行の要素になっているため、朗読に重点を置く指導をする。ゆっくり、歯切れよく、感情を込めてみんなに語りかける、そんなリズムが必要である。
・セリフに郷土のことばが含まれているので、この点の指導を納得のいくようにする。
・母シカの文章は、原文を書いたものを掲示する等、その努力のあとが子どもに伝わるよう配慮する。
・この朗読劇が、野口英世について児童が発展的に、興味をもって伝記本を読んだりする導入口（きっかけ）になると、道徳教育の成果がさらに広がったものになる。

道徳朗読劇　小学校高学年用

稲むらの火

◆ねらい　3―(1)　生命がかけがえのないものであることを知り、自他の生命を尊重する。

◆あらすじ

その夜、村は豊年を祝うよいの祭りにわき立っていた。しかし、「いまからだに感じた地震はただごとではない」ととっさに思った庄屋の五兵衛は、庭に出た。

高台にある五兵衛の家からは海が一望に見渡せた。「あれは、何だ！」五兵衛は見た。海の水がまるで引き潮を早めたように、ぐんぐんと沖に向かって引いていくではないか。「たいへんだ、大津波が来る。」とっさにそう判断したが、これを村人にどう告げるのか、その方法はなかった。「このままにしておいたら、津波によって村は全滅する。大勢の命が奪われてしまう。」

五兵衛の目に取り入れたばかりの稲《いな》むら（稲穂の束）が映った。それは一年の生活を支える大切な食料であり、お上に差し出す大事な年貢でもあった。

だがぐずぐずしているわけにはいかなかった。家にかけ込むと火のついた松明《たいまつ》をもってふたたび五兵衛は庭に立った。「村人の命を救うためだ。」立ち並ぶ稲むらに次々と火をつけて走った。

明々ともえ上がる庄屋の稲むらの火を見て、村人たちは高台にかけあがってきた。「庄屋の家を火事から守るんだ！」常に村人のために尽くす五兵衛の優しい心を知っている村人は、老若男女ともども坂をかけあがってきた。

炎の光をうけて立つ五兵衛は海を指さして叫んだ。「津波が来る！」怒涛のように荒れ狂った大波が海岸をめがけて突き進んできた。

すべてを知った村人はただ五兵衛のひざもとに崩れるようにひざまずいていくのだった。

自分の大切なすべての財をなげうっても、多くの村人の命を救った五兵衛の行為は、年代を超えて語り継がれていく。感動の名作の朗読劇化。

登場人物

ナレーターA　五兵衛《ごへえ》
ナレーターB　村《むら》の若者《わかもの》1
ナレーターC　村の若者2

五兵衛　これはただごとではない。

ナレーターA　つぶやきながら五兵衛《ごへえ》は家から出た。いまの地震《じしん》は別に激《はげ》しいというほどのものではなかった。しかし、ゆったりとしたゆれ方と、うなるような地鳴《じな》りとは、年《とし》老《お》いた五兵衛には、いままで経験《けいけん》したことのない不気味《ぶきみ》なものだった。

ナレーターB　五兵衛は庭《にわ》に出ると、心配そうに下の村を見下ろした。

ナレーターC　村人は豊年《ほうねん》を祝《いわ》うよい祭りの支度《したく》に心をとられているのか、誰《だれ》一人さっきの地震《じしん》に気がついていないようだった。

五兵衛　あれは、何だ！

ナレーターA　村から海へ目を移《うつ》すと、五兵衛の目はそこにくぎづけになった。風とは反対に、波が沖《おき》へ沖《おき》へと動いていた。見る見る海岸には、広い砂原《すなはら》や黒い岩底《いわぞこ》が現《あらわ》れていた。

五兵衛　たいへんだ。津波《つなみ》がやってくるに違《ちが》いない。どうしよう、このままにしておけば、四百人の村人の命が、村もろともひとのみにやられてしまう。もうぐずぐずしている時間はない。

ナレーターB　五兵衛はまよった。うろたえた。どうしたらいいのか、とっさに判断《はんだん》はつかなかった。そのとき五兵衛の目に、庭先《にわさき》のたんぼの前に、取り入れるばかりになっている稲《いな》むらが見えた。ぐずぐずしている時間はなかった。

五兵衛　よーし、こうなったら。

ナレーターC　家にかけこんだ五兵衛は、大きな松明《たいまつ》をもって飛び出してきた。

五兵衛　大事な稲《いな》むらだ、苦労して取り入れた稲《いな》むらだ、もったいない。でも、これで村中の命がすくえるのだったら。

ナレーターA　五兵衛はいきなり、その稲《いな》むらの一つに火を移した。風にあおられて火の手がぱーっとあがった。

ナレーターB　一つ、また一つ、五兵衛は夢中で走った。

ナレーターC　こうしてすべての稲《いな》むらに火をつけてしまうと、松明《たいまつ》を捨《す》てた。……まるで失心《しっしん》したように、五兵衛はそこにつっ立ったまま、ただ沖《おき》の方を眺めていた。

ナレーターA　日はすでに没《ぼっ》して、あたりはだんだんと薄暗《うすぐら》くなってきた。稲《いな》むらの火は天をこがした。山寺ではこの火を見て、早鐘《はやがね》をつきだした。

村の若者1　火事だ、火事だ。庄屋《しょうや》さんの家だ！

村の若者2　たいへんだ、たいへんだ。

村の若者1　みんな出てくれ、庄屋《しょうや》さんの家に行くんだ。火事を消しにいくんだ。

村の若者2　みんな出てくれー、みんな出てくれー。
ナレーターB　村の若い者が急いで山の手へ向かってかけ出した。続いて、老人も女も子どもも、そのあとを追うようにかけ出した。
ナレーターC　高台《たかだい》から見下ろしている五兵衛の目には、それはありの歩《あゆ》みのようにもどかしく思われた。
ナレーターB　やっと二十人ほどの若者が、まずかけあがってきた。
村の若者1　たいへんだ、すぐ火を消さなければ。
村の若者2　早く、早く、水を！
五兵衛　うっちゃっておけ！
村の若者1　何言うだ、五兵衛さん！
五兵衛　それより、たいへんなんだ。早く村中の人にここへ来てもらうんだ。
ナレーターA　五兵衛は、丘をかけあがってきた村人を一人ひとり数えていた。
村の若者1　いったいどうしたと言うんだ？
村の若者2　五兵衛さん、しっかりしてくれろ！
ナレーターB　若者をはじめ、集まってきた人々は、もえている稲《いな》むらと五兵衛の顔を、かわるがわる見くらべていた。
五兵衛　見ろ、やってきたぞ！

ナレーターC　たそがれの薄明《うすあ》かりをすかして、五兵衛の指《ゆび》さす方をみんなは見た。

ナレーターA　遠く海のはしに、細いひとすじの線が見えた。その線は見る見る太くなった。広くなった。ものすごい速さで陸に向かって押し寄せてきた。

村の若者1　つ、津波《つなみ》だ！

村の若者2　津波《つなみ》が押し寄《よ》せてくる！

ナレーターB　海水が絶壁《ぜっぺき》のようにしぶきをあげて目の前に迫ってきた。そして砕《くだ》けた。まるで山がのしかかってきたような重さと、百雷《ひゃくらい》が一時《いっとき》に落ちたようなとどろきとをもって、陸にぶつかった。

ナレーターC　人々はうろたえ、我《われ》を忘れたように後ろへ飛びのいた。雲のように山の手に突進《とっしん》してきた水煙《みずけむり》、その水煙《みずけむり》のほかは何も見えなかった。

ナレーターA　人々は自分たちの村の上を、荒《あ》れ狂《くる》って通る白い、そして恐《おそ》ろしい海を見た。二度、三度、村の上を海は進み、また退《しりぞ》いた。

ナレーターB　高台《たかだい》では、しばらく何の話し声もなかった。みんなは波にえぐり取られて、あとかたもなくなった村を、ただ、ぼう然《ぜん》として見下ろしていた。

ナレーターC　稲《いな》むらの火は、風にあおられて、またもえあがった。夕やみに包《つつ》まれたあたりが、ふたたび明るくなった。

村の若者1　おらたちは、この稲《いな》むらの火で、助かったんだ！

村の若者2　（叫《さけ》ぶ）五兵衛さん！
村の若者1・2　五兵衛さん！
ナレーターA　村人たちは、そのままだまって、五兵衛の前にひざまずいていった。

（おわり）

〔小学国語読本巻十（文部省）の原文を脚色〕

◆指導のポイント

① 五兵衛が大事な稲むらに火をつけたことで、どんなことが起こったでしょうか。
② 五兵衛のとった行動は、どのような考えから出たのでしょうか。あなたはそれをどのように考えますか。
③ 災害から命を守るために、ふだんから気をつけることに、どのようなことがあるのか、この学習の発展として、まとめてみましょう。

◆指導上の留意点

・ナレーションを主体とした、典型的な朗読劇である。センテンスとセンテンスの「間」の取り方などで、文章の裏に潜んでいる情景や、五兵衛や村人の心の動きや関係などを十分理解させる。また、読み手に事前の練習をさせておくと、より充実した道徳の時間となって、全員の資料への理解が進む。

・津波、地震、風水害のおそろしさについては、写真や新聞記事など参考に提示して、資料を体験的に捉えさせる工夫をすると、子どもたちはいっそう身近に自分と命との関係を捉えることができる。

・生命の安全については、ふだんからの一人ひとりの心構えが大切であることを理解させる。発展として、自然災害が発生したときの基礎的行動を、例えば次のような状況にあることを想定して指導する。

外出しているとき／高層建築物内にいるとき／地下街にいるとき／人が集まるところにいるとき／交通機関で移動しているとき／家にいるとき

また、家族との連絡方法などについても考えさせる。

道徳朗読劇　小学校高学年用

ある日、電車の中で

◆ねらい　2―(2)　だれに対しても思いやりの心をもち、相手の立場に立って親切にする。

◆あらすじ

ある日、通勤電車の中での出来事。中年女性が立ったまま満員電車の中でつらそうにしていた。それを見て、「私」の隣に立っていた若者が、女性の前に座っている若者に、「できたら席をゆずってあげないか」と声をかけるが、座っている若者は「この席に座るために始発に三十分も前から並んでいたのだ」とことわり、座り続ける。見かねた別の席にいた人が席をゆずる。

それから数日後、混雑した通勤電車の中で、同じような出来事が起こる。近くに立っている老人がつらそうなのを見た「私」が、その前の席で読書に熱中している青年に、思い切って「席をゆずってもらえないか」と言うと、青年はすぐ席を譲る。青年はむしろ気づかなかった自分を恥じるようにわびる。

やがて終点に着いたとき、「私」はおどろく。席を譲った青年は足に障害があったのだ。あわてて謝る「私」に青年は逆に、「私はあなたに教わった」と言う。「人の前でも思いやりを持った心を、はっきりと表現する」その勇気を学んだと言って去っていく。その後ろ姿をまぶしい思いで見送る「私」だった。

登場人物
私《わたし》1（ナレーター1）
私2（ナレーター2）
若者《わかもの》A
若者B
青年《せいねん》

私1　朝の通勤電車《つうきんでんしゃ》は混《こ》んでいました。私はいつものように満員電車《まんいんでんしゃ》にゆられながら、見るともなく、車窓《しゃそう》を流れる見なれた風景《ふうけい》に目を移《うつ》しておりました。

私2　ふとそのとき、私は一人の中年《ちゅうねん》の女性が、ゆれる電車の中で必死につり革《かわ》につかまっている姿《すがた》を見ました。とてもつらそうでした。気分がわるいのか、その顔はそう白《はく》でした。

ひたいからは汗《あせ》がにじんでいました。

私1 女性の前の席には若者が座《すわ》っていました。からだの大きな丈《じょう》夫《ぶ》そうな若者でした。新聞を大きく広げて読んでいました。

私2 電車は駅にとまるごとに、ますます混《こ》み合ってきました。そのとき、その女性の姿《すがた》を見かねたのか、私の隣《となり》に立っていた若者が、女性の前に座《すわ》っている例《れい》の若者にそっと声をかけました。

若者A できれば、この方《かた》に席をゆずってあげてくれませんか？

若者B 席を、おれが……。

若者A この方《かた》が、苦しそうな様子《ようす》なので、ぜひ……。

若者B （強く）じょうだんじゃない。おれも疲《つか》れているんだ。この席に座《すわ》るために、始発《しはつ》の駅のホームで、三十分も前から並んで立っていたんだ。

若者A 君の立場《たちば》もわかる。でも、この方の様子《ようす》が……。

若者B 何と言われようと、おれにはここに座《すわ》っている権利《けんり》がある。余計《よけい》なことは言わないでほしい。

私1 声をかけた若者はだまってしまいました。そのと

き、すぐ近くの席で二人のやりとりを黙《だま》って聞いていた男性が、どうぞと言ってその女性に席をゆずりました。

私2　このことがあってから数日後《すうじつご》、私はもう一つの出来事《できごと》を経験《けいけん》したのでした。

私1　例《れい》によって混雑《こんざつ》している朝の通勤電車《つうきんでんしゃ》の中でした。一人の老人が疲《つか》れたようにつり革《かわ》にもたれていました。その老人は私と同じ駅から乗り合わせる通勤客《つうきんきゃく》でした。ことばをかわしたことはなかったのですが、その老人の疲《つか》れたような顔が気にかかりました。そのうち、気分がすぐれないのか、老人はさかんに首の汗《あせ》をぬぐっていました。

私2　その老人の前の席では、学生らしい青年が無心《むしん》に本を読みふけっていました。私は立ったままの老人がだんだんとつらそうになる様子《ようす》に気が気ではありませんでした。

私1　しかし、ついこの間《あいだ》のことも記憶《きおく》に残っていて、私は青年に声をかけるのをためらっていました。

私2　やがて、老人は耐《た》えられなくなったのか、次の駅でおりようと出口に向かおうとしているようでしたが、混雑《こんざつ》した車内は、老人が動くことを阻《はば》むようにゆれ動いていました。

私1　私は決心《けっしん》しました。私はにじりよるように身をかがめると、青年に言いました。

私2　申《もう》し訳《わけ》ないが、この方に席をゆずっていただけませんか?

私1　突然《とつぜん》言われて、青年はおどろいたように本から目をはなすと私を見つめました。しかし、私の言ったことの意味がすぐわかったらしく、あわてて立ち上がって席を老人にゆずってくれました。

青年 すみません、気づきませんでした。

私1 青年ははずかしそうに、さかんに私と老人にむかって頭を下げました。

私2 その態度《たいど》に逆《ぎゃく》に私の方《ほう》がとまどうほどでした。老人は何度も何度も青年に頭を下げました。

私1 電車はますます混雑《こんざつ》してきて、席をゆずった青年の姿も、そのうち見えなくなっていきました。やがて電車は終着駅《しゅうちゃくえき》につきました。電車から吐《は》き出されたように、大勢《おおぜい》の乗客《じょうきゃく》の波がホームに広がっていきました。

私2 そのときです。混雑《こんざつ》するホームの人ごみの中に、左の足を引きずるようにして、けんめいに歩く一人の青年がいました。足に障害《しょうがい》があるようでした。

私1 私ははっとしました。その青年はさっきの青年でした。電車の中で老人に席をゆずった、あの青年でした。私は夢中《むちゅう》で人をかきわけて、青年のそばに近づいていきました。

私2 あのう、さっきはありがとう。……何も知らなくって……申《もう》し訳《わけ》ありませんでした。

私1 青年はいっしゅん、おどろいたように私の顔を見ました。しかし、すぐに言いました。

青年 いいえ、いいんですよ。

私2 でも……。

青年 それよりぼくは、あなたに教えてもらいました。

私2 ぼくに……？

青年　そうです。どんなときでも、はっきりとよいと思ったことを言う、その心を、あなたはぼくに教えてくれました。

私1　雑踏《ざっとう》の中に消えていく青年の後ろ姿《すがた》を、私はしばらく見送っていました。

（おわり）

◆指導のポイント

①　前段の話で、席を立たなかった若者の言い分（理由）について、あなたはどのように感じましたか。

②　前段の席を立たなかった若者と、後段の席をゆずった青年、二人の心の違いは、どのようなところから来ているのでしょうか。身近な経験から考えてみましょう。

③　最後に、雑踏の中に消えていく青年の後ろ姿を、「私」はどのような気持ちで見送ったのでしょうか。

◆指導上の留意点

・二つの事例を対比して、他者を思いやる心の違いについて考えさせるねらいの資料である。単に車中での乗客のマナーの問題だけにとどめずに、他者の目を通して自分の行為を見取る力、つまり、世阿弥の能で言う「離見の見」。自分だけにこだわる自己認知の目のみで自分を見るのではなく、他人という離れた位置から常に自分を見る目も大切にする。この視点を理解させることである。

※世阿弥によれば「離見の見」は、能を観客の前で演じる場合、演者が観客と同じ心で見る直観（像）であり、また「目前心後」、つまり、目を前につけ、心を後に置くこと（成川武夫『世阿弥　花の哲学』玉川大学出版より引用）である。

・別な言い方をすれば、一人称（自分）中心の現代人の目に、二人称（私とあなた）の関係で捉える力、さらに三人称（われわれ）という社会的な視点から考察する力を育成することが大切である。特に道徳教育では、二人称と三人称の中間、二・五人称に視点を置くことの必要性が近年、強調されている。

・ねらいとして強調したいのは、他人に対しての思いやりを単に同情やあわれみの心として捉えるのではなく、相手の立場で体験的に直観していく感性、人間的な関係把握のセンスを磨くということである。

前段の席を立たない若者にも言い分がある。通勤地獄に対応するために始発のホームに三十分前から並んで得た席である。他者から簡単に批判はできない。

しかし、ここで大事なことは、その私的な観点を越えていく己の目、感性の豊かさの問題に踏み込んでいくことである。ここらあたりを十分考慮して、子どもたちの意見をすい取り、結論へと導いてほしい。

この感性の豊かさが、以前世間を感動させた、とっさに自分の命をもいとわず、人命救助のために線路に飛び込んだ、あの新大久保駅での韓国留学生の敬虔的行為、崇高さに通じるのではないだろうか。

道徳朗読劇 小学校高学年用

バトンは誰に

◆ねらい　4―(3)　身近な集団に進んで参加し、自分の役割を自覚し、協力して主体的に責任を果たす。

◆資料の特色

とかくいまの子どもたちが自分の目線（私的目線）にこだわった考え方に固執する中で、公の目線（社会的目線）をもってどう集団にかかわれるのか、クラスを代表するリレー選手をめぐるトラブルを通じて考えさせる資料。結末のセリフを一人ひとりの子どもに作らせていくユニークな葛藤・参加型資料。

◆あらすじ

　今年も運動会が迫っていた。運動会の種目の一つに五年生・六年生合同のクラス対抗リレーがあった。各クラスから男女二名、合計四名の選手が選ばれ、勝敗を決する、毎年盛り上がりを見せる対抗試合だ。

　話し合いで四人の選手が選ばれた。特に男子の二名、博と和樹は町の名門サッカーチーム「スターズ」のレギュラー選手。中でも博の脚の速さは抜群だった。

「今年のリレーは絶対、うちのクラスがもらった。」良夫の提案で、クラスのシンボルとなる応援旗を作ることにもなり、クラスの士気は盛り上がりを見せた。

　ところが翌日、博が突然、選手を辞退したいと申し出た。クラスはおおさわぎになる。博は一度選手を引き受けたが、毎日みんなでリレーの練習をするということをあとから聞いた。しかし、運動会のあとに控えているサッカーの地区予選のためには、サッカーの練習を優先させなければならないため、リレーの選手を辞退したのだった。

　しかし、同じ立場の和樹は、クラスがパニックになる現状を見て、踏みとどまる決心をする。同じクラスのメンバーとして、どうしても辞退はできなかった。

　結局、博のアンカー役を和樹が引き継ぐことになる。和樹は少しでも博の穴をうめようとみんなと一緒に練習に力を注ぐ一方で、夜になると近くの公園でサッカーの練習にもはげんだ。

　しかし、その無理がたたって、和樹は右足首に急性の炎症を起こし、結局、博と同じようにリレーの選手から下りることになる。不運続きにクラスの雰囲気は沈みがちになる。この状態を見て、和樹は強い責任を感じる。自分の不注意で招いた混乱。

でもみんなは何とか選手をあらたに立て直して出発する。その先頭に和樹がいた。足が悪いのに、和樹はクラスのほかのメンバーと共に、朝早くの練習や放課後の練習に立ち会い、何かとみんなの手伝いや激励に力を注いでいた。

この和樹の態度に博の心は動揺する。「なぜ、和樹はそこまでクラスのために……。」博には理解できなかった。そんな博に和樹は言う。「あの応援旗を作ったみんなの気持ち、だまって見ているわけにはいかないんだ。」明るく答える和樹の態度に、博の心は揺さぶられた。

運動会があと一週間に迫ったある日、博は決心する。その日の終わりの会、発言を求める博を、みんなの目が……。

登場人物

博《ひろし》　マリ
和樹《かずき》　美保子《みほこ》
良夫《よしお》　ナレーターA
達也《たつや》　ナレーターB

ナレーターA　運動会の種目《しゅもく》の一つに、五年生・六年生合同《ごうどう》のクラス対抗《たいこう》リレーがあった。各クラスで男女二名ずつ、合計四名の選手《せんしゅ》を選《えら》び、勝敗《しょうはい》を競《きそ》う、運動会の花形種目《はながたしゅもく》だった。

マリ　それでは今日おこなったクラスでの選考会《せんこうかい》のタイムを発表します。

ナレーターB　六時間目の学級会で議長《ぎちょう》の大木《おおき》マリが、今日おこなわれた百五十メートルのタイムの上位《じょうい》四人を発表した。

マリ　佐々木博《ささきひろし》さん、大竹和樹《おおたけかずき》さん、私、大木マリ、そして斎藤美保子《さいとうみほこ》さん、この四人が今年のクラス対抗《たいこう》リレーの選手《せんしゅ》になることにさんせいしますか。

ナレーターA　大きな拍手《はくしゅ》が起こった。その拍手《はくしゅ》を制《せい》するようにして良夫《よしお》が立ち上がってみんなに言った。

良夫　この四人は最高《さいこう》のチームだぞ。特に博くんは、この町の少年サッカーチームでは、脚《あし》の速さは抜群《ばつぐん》だぞ。それに和樹くんだってレギュラー選手《せんしゅ》だよ。ぜったいに今年の運動会のリレーは、わがクラスが優勝《ゆうしょう》だ。そこでみんなに提案《ていあん》します。クラスの応援旗《おうえんき》を作って、選手《せんしゅ》を盛《も》り上げよう。うちのクラスの団結《だんけつ》のシンボルにしたいと思います。

美保子　良夫くん、かっこいいこと言う。さんせい、さんせい。

達也　美保子、お前、図工得意《とくい》じゃないか。デザイン、まかせたよ。

ナレーターB　ふたたび大きな拍手《はくしゅ》の中で、応援旗作成《おうえんきさくせい》のチームも、美保子を中心に決まった。

ナレーターA　ところがその日の夜。突然《とつぜん》、博から和樹の家に電話がかかってきた。

博　モシモシ、和樹くん、おれ、リレーの選手《せんしゅ》、やめるよ。

和樹　やめる？　どうして？

博　毎日四人で練習するなんて無理《むり》だよ。

和樹　なぜ？

博　考えてみろよ。運動会から半月たつとサッカーの地区大会だよ。そっちの練習を差し置いてリレーの練習なんか、しているひまないよ。君だってそうじゃないか。

ナレーターB　たしかに博の言うとおりだ。二人の所属《しょぞく》しているサッカーチーム「スターズ」はこの地方では名門《めいもん》チームだった。全国大会にもたびたび顔を連《つら》ねていた。それだけポジション争《あらそ》いも激《はげ》しかった。

和樹　でも、博くん、いまになってやめると言ったら、せっかく決めたのに、クラスのみんながこまっちゃうよ。

博　こっちにだって都合《つごう》というものがあるだろう。

和樹　だったら、あのとき言うべきだよ。

博　あのときは当日《とうじつ》のリレーに出ればいいと考えたんだ。そしたらあとで、毎日四人でリレーの練習するって言うだろう。そんな時間ないよ。サッカーの練習の方《ほう》がぼくにとっちゃ大事《だいじ》だよ。

和樹　でも、みんなは……。
博　君も考えた方がいいぜ。まごまごしてたら、ポジション、ほかの子にとられてしまうよ。
和樹　うん、どうしたらいいんだろう?
博　とにかく、ぼくは明日ことわるからね。
ナレーターA　電話はここで切れた。その夜、和樹はまよった。
和樹　(モノローグ)たしかに博くんの言うとおりだ。リレーの練習でサッカーの練習を少しでも休めば、ポジションもあぶない。やっぱり博くんと同じように……。
ナレーターA　でも、和樹の耳には、良夫たちクラスの仲間の声がこびりついていた。
良夫　この四人は最高《さいこう》のチームだよ。ぜったい優勝《ゆうしょう》だ。そこで提案《ていあん》します。クラスの応援旗《おうえんき》を作ろう。
美保子　さんせい、さんせい、クラスの団結《だんけつ》の旗《はた》、作ろう。
和樹　(モノローグ)あの仲間を、いまやめると言ったら裏切《うらぎ》ることになる。そんなこと、ぼくには、ぼくにはできない。
ナレーターB　翌日、博のリレー選手辞退《せんしゅじたい》を聞いて、クラスはおおさわぎになった。でもサッカーの選手《せんしゅ》としての博くんの立場《たちば》もみんなにはわかった。
良夫　しかたがないね。おれ、補欠《ほけつ》だからと安心していたけど、こうなったら。
ナレーターB　良夫が覚悟《かくご》をきめてリレーの選手《せんしゅ》にくわわった。何より救《すく》いだったのは、博と同じ立場《たちば》にいる和樹が、このままリレーの選手《せんしゅ》を続けるとわかったことだった。

ナレーターA　リレーのアンカーは博から和樹になった。翌日《よくじつ》から朝と放課後《ほうかご》、チームは一つになって猛練習《もうれんしゅう》をはじめた。和樹くんは夢中《むちゅう》で練習にうちこんだ。タイムは博くんよりおそい、それを何とか少しでもちぢめたい。アンカーとしての責任《せきにん》があった。

ナレーターB　それだけではなかった。サッカーも和樹には大事《だいじ》だった。夜、家の近くの広場で和樹はボールをけっては練習にはげんだ。

ナレーターA　しかし、間《ま》もなくたいへんなことが起こった。無理《むり》な練習がたたったのか、運動会があと半月に近づいた日、和樹は右足に痛みを感じた。それを無理《むり》して走っているうちに、痛みはいっそう激《はげ》しさを増《ま》した。

ナレーターB　母親に連《つ》れられて病院にいった和樹は、右足首に急性《きゅうせい》の疲労《ひろう》からくる炎症《えんしょう》を起こしていることがわかった。このまま走ればたいへんなことになる。医師に走ることを禁《きん》じられた和樹だった。

良夫　たいへんだ。和樹くんが走れなくなった。

マリ　どうなってしまうの、うちのクラス！

ナレーターA　和樹のかわりに、いやがる達也が選手《せんしゅ》に推《お》された。タイムは和樹にくらべたらずっとおそかった。そして、アンカーはマリさんになった。

マリ　ほかのクラスはみんな、アンカーは男の子よ、やだ私。

良夫　頼《たの》むよ、クラスのためだ。申《もう》し訳《わけ》ないけどおれたち男より、お前のタイムの方が上なんだ。頼《たの》む。

マリ　私たちのクラス、ついていない、何かにのろわれているのよ、きっと。

美保子　せっかく、応援旗《おうえんき》まで作ったのに、ああ、なさけない。

良夫　やめろよ、そんな気のめいる話は。

マリ　とにかく、ここまで来たらやるしかない。

ナレーターB　気をとりなおしたかのように、ふたたびクラスの仲間も加わって練習がはじまった。

ナレーターA　それから数日後《すうじつご》、博がサッカーの練習を休んでいる和樹に練習の予定表をとどけるために、朝早く和樹の家に行くと、和樹はもう登校《とうこう》していったという。

博　（モノローグ）おかしいな、足が悪いのに、なぜ、そんな早く学校に？　ぼくはふしぎに思ってそのまま学校へ行った。そしておどろいた。和樹くんが、自分は走れないのに、何人かのクラスの仲間と、リ

レーの選手《せんしゅ》をはげまし、バトンのタッチを教えたりタイムの記録《きろく》をとったり、いろいろ面倒《めんどう》を見ていた。なぜ、そんなことをわざわざ。ぼくは和樹くんに直接《ちょくせつ》聞いた。

博　おい、和樹くん、もう選手《せんしゅ》じゃないのに、なんで朝早くから？

和樹　クラスのためだよ。あの応援旗《おうえんき》を作ったみんなの気持ち、だまって見ているわけにはいかないんだ。

博　だってしょうがないだろ、足を痛めてしまったんだから。

和樹　ぼくがもっと注意すればよかったんだ。そしたらみんなにめいわくかけずにすんだんだ。だから、せめて役に立つことができたらと……。

ナレーターB　その日一日、博は気持ちがはれなかった。なぜ、なぜ、和樹くんはあそこまでクラスのことを考えるんだ。（小さな間）自分は大事《だいじ》なサッカーへの夢《ゆめ》をもっている。そのためにクラス代表のリレー選手《せんしゅ》をことわった。それなのに和樹くんは、サッカーへの夢《ゆめ》をもっていると言いながら、あそこまでクラスのことにこだわるのは、なぜだろう？

和樹　あの応援旗《おうえんき》を作ったクラスのみんなの気持ちを、だまって見ているわけにはいかないんだよ。

ナレーターA　和樹のことばが博の胸《むね》の中に広がっていった。（間）そして、その日の終わりの会がはじまったとき、突然《とつぜん》、博は決心《けっしん》したように発言《はつげん》許可《きょか》を求めて手をあげた。そして、そのまま教室の正面《しょうめん》にかざってある応援旗《おうえんき》のそばに歩《あゆ》んでいくと、みんなの方を向いて言った。

博　ぼくは……ぼくはみんながゆるしてくれるなら……リレーの選手《せんしゅ》……。

ナレーターB　ここまで言うと博は声をつまらせた。クラスみんなの真剣《しんけん》な顔が、博の次のことばを待っていた。

（おわり）

◆指導のポイント

①　なぜ博は一度は選ばれたリレーの選手をことわったのでしょうか。

②　同じ立場の和樹は、どのような考えから自分の足が悪くなるまで、リレーの練習に熱中したのでしょうか。

③　博と和樹の二人の、クラスへの考え方の違いについて考えてみましょう。

④　最後のところで、博は何を言おうとしているのか、それはどんな考えから出てきた気持ちなのか、考えを話し合ってみましょう。

◆指導上の留意点

・「最後のところで、博はクラスのみんなにどのような発言をしようとしたのか、そのことばをそれぞれ想像して書いてみよう」という発問をして、そのことば、つまり博の選択をもとにしながら、授業を組み立てていく展開も考えられる。

・いずれにしてもこの資料は、「個人の目線でものごとを考えていく」姿勢とあわせて「公の目線」（ここではクラスの一員としての役割）をどのように考えていったらよいのか。その立場での行動選択を、運動会のクラス対抗リレーの選手にまつわる出来事を通じて考えさせるねらいをもっている。

・現代の子どもに、「個人」と「集団の一員としての個人」を、反対する両極として捉えることなく、共同または調和の価値観で理解させる、そのための資料である。

・博のはじめの選択、すなわちリレー選手を辞退することを、単にわがままという解釈で理解することなく、個人を生かす選択として捉えさせる。
しかし、一方の和樹の選択を通じて、共同体の一員としての役割、生き方をその合わせ鏡として対峙させ、「個と集団」の関係や役割分担等、集団の向上の中での個人の役割等について、深く考えさせていく。

・このねらいはいま一番社会性の育成に関係して問われる課題であり、この朗読劇を通じて、ていねいに取り扱ってほしい。

・児童にとって、学校での自分たちの生活を振り返る一つのきっかけになるような、内面化を図る資料である。

道徳朗読劇 小学校高学年用

窓のあるページ

◆ねらい　4—(1)　公徳心をもって法やきまりを守り、自他の権利を大切にし進んで義務を果たす。

◆あらすじ

洋二と真也、マサ子の三人は学習発表会に向けたグループ研究に「郷土の史跡」をとりあげることになった。そのためには、どうしても縄文時代の人たちのことをくわしく調べたいと思い、ある日、三人で町の図書館に行くことになった。

縄文時代の歴史の載った学習事典を、図書館の受付にいたお兄さんに教えてもらい、さっそく三人は閲覧室で本を開いて調べ出した。

ところがかんじんの縄文時代のことを書いてあるページがない。すっぽりその部分が鋭利な刃物で切り取られていた。

どこかのページにはさまっていないか、一生懸命に探すが、どこにもない。係のお兄さんの話だと、ときどきこのように「ページに窓を空ける」、自分勝手な、きまりに反する行為をする者がいて、たいへん迷惑しているという。予算の問題もあり、すぐに代わりの新しい本を購入することはできないため、この本は当分窓が空いたままだという。

困っている洋二たちを見て、お兄さんはいっしょに大人用の本の中から縄文時代の資料を見つけてくれて、その資料をていねいにかみくだいて説明してくれた。そのおかげで、洋二たちは研究をまとめることができた。

翌週おこなわれた学習発表会で、洋二たちの研究はみんなにみとめられ、大好評だった。

その後のある日、マサ子は洋二たちに「あの窓の空いたページのある事典と同じ本を探して、あの窓を埋めよう」と提案する。窓のあるページをあのままにしておけば、あとから使う人が、同じように困ってしまう。だったらほかの町の図書館に行って、あれと同じ本を探し出し、そのページをコピーしてきて、それを切り取られたページにはっておこうというものだった。「そうしたら、新しく本を買うまで、使う人が助かる」と言う。

たしかにマサ子の言うとおりだったが、「そこまでやらなくっても……」と真也ははじめ反対するが、考えてみれば、あの切り取られたページのために、図書館のお兄さんに世話になったし、調べ上げるまでにはずいぶんと時間もかかった。

「わかった、やろう。」こうして三人は休みの日に時間をさいて図書館をめぐり、目的の本を見つけることができた。その図書館の人に理由を話してコピーしてもらったページをもって、洋二たちは町の図書館のお兄さんのところへ行った。

洋二たちの考えを知って、お兄さんは喜んでくれた。三人は、お兄さんといっしょに、窓のあるページにコピーをはった。こうして窓のあるページのある本は、とりあえずは使えるようになった。

閲覧室の書棚に収まったその学習事典を見つめる洋二たちの目は、明るく輝いていた。

登場人物

洋二《ようじ》　図書館の係の若者《わかもの》

真也《しんや》　ナレーターA

マサ子《こ》　ナレーターB

ナレーターA　洋二《ようじ》と真也《しんや》、そしてマサ子《こ》の三人は共同で「郷土《きょうど》の史跡《しせき》」について調べ、それを学習発表会に出すことになった。

洋二　やっぱり町の図書館に行かないと、縄文時代《じょうもんじだい》のくわしいことわかんないよ。

マサ子　私もさっき学校の図書室に行って、そう思った、明日、町の図書館に三人で行こうよ。

ナレーターB　こうして三人は町の図書館に行くことになった。受付《うけつけ》にいた若いお兄さんに頼《たの》んで歴史《れきし》中心の学習《がくしゅう》事典《じてん》を借《か》りると、さっそく閲覧室《えつらんしつ》で調べにかかった。

真也　何だ、何だ、このページ？

マサ子　どうしたの？

洋二　あっ……ページが切り取られている。

真也　これじゃ、調べられない！

ナレーターA　あわてて三人は、本をもったまま受付《うけつけ》に走った。

係の若者　ときどきいるんだよ。こういう、人の迷惑《めいわく》も考えずにきまりを平気で破《やぶ》り、ページに窓《まど》を空《あ》けてしまう人が……。

洋二　ページに窓《まど》を空《あ》ける？

係の若者　自分がくわしく読みたい文章や記事《きじ》を、切り取ってもっていってしまうんだ。

マサ子　ひどい、ゆるせない！

係の若者　自分のことだけしか見えない人なんだよ。

真也　すぐ、代わりの本、買ってもらえるんですか？

係の若者　いや、図書館の本の購入《こうにゅう》には、予算《よさん》という

ものがあってね、すぐに新しい本を買うことは無理《むり》なんだ。

真也　じゃあ、ずっとこのまま、窓《まど》の空《あ》いたまま、ですか？

係の若者　申《もう》し訳《わけ》ないが、当分は、このまま……。

マサ子　私たち、縄文時代《じょうもんじだい》のことを調べたくて来たんです。

洋二　来週の学習発表会に向けて、せっかく研究をまとめようとしていたのに、くやしいなぁ。

係の若者　縄文時代《じょうもんじだい》のことなら専門《せんもん》の本が、歴史《れきし》コーナーにあるよ。

洋二　さっき見たけど、みんな大人用でむずかしくって。

真也　あの学習事典《がくしゅうじてん》がぴったりだったのに。

係の若者　ちょっとまってね。

ナレーターB　三人の困《こま》っているようすを見た係のお兄さんは、切り取られたページのあるその学習事典《がくしゅうじてん》をもつと、奥《おく》にいる上役《うわやく》の人のテーブルに行って何やら相談《そうだん》していたが、すぐに戻ってきた。

係の若者　これからいっしょに縄文時代《じょうもんじだい》の歴史《れきし》を調べよう。いっしょに大人用の本の中から、これという本を見つけてあげるよ。

マサ子　だって、お兄さんの仕事もあるんでしょう？

係の若者　大丈夫。係長《かかりちょう》に相談《そうだん》したんだ。その間《あいだ》、ほかの人に代わってもらえるから。

ナレーターA　こうして洋二たちは、図書館のお兄さんの手をかりて、専門《せんもん》の本の中から縄文《じょうもん》

ナレーターB 時代《じだい》のいろいろな資料《しりょう》を調べることができた。
翌週《よくしゅう》、学習発表会が開かれた。洋二たちのグループがまとめた「郷土《きょうど》の史跡《しせき》」は縄文《じょうもん》時代《じだい》までさかのぼって調べた研究として、みんなにみとめられ、参加した保護者《ほごしゃ》からも大好評《だいこうひょう》だった。

マサ子 私たちの発表がまとまったのも、あの図書館のお兄さんのおかげだわ。

洋二 ありがとうって、お礼を言いにいこうよ。

真也 そうだね。でも、にくいよな。

洋二 だれが？

真也 あいつだよ。ページを切り取っていった犯人《はんにん》！

マサ子 そのことで、私、考えたんだけど……。

洋二 何を？

マサ子 係の人が言ってたわね、代わりの本、すぐ買えないって。

洋二 予算《よさん》がないって言ってた。

マサ子 だったら当分、あの本……。

真也 窓《まど》の空《あ》いたまま。

マサ子 そしたら、私たちと同じように、あのページを読もうとする人が、困っちゃう。

真也 また、あの係のお兄さんの出番《でばん》かい？

洋二　そんなこと繰《く》り返《かえ》していたら、図書館の係の人が大変だよ。
マサ子　ねえ、ほかの図書館に行ってみない？
洋二　ほかの図書館に？
真也　何をしにさ？
マサ子　同じ学習事典《がくしゅうじてん》を探《さが》しに。
洋二・真也　（同時《どうじ》に）えーっ？
マサ子　同じ事典《じてん》を探《さが》して、あのページ、コピーしてくるの。そして、窓《まど》のあるページを埋《う》めとくのよ。
真也　なんでそんなめんどくさいことするのさ。
マサ子　真也さん、さっき、犯人《はんにん》がにくいって言ったでしょう。私も同じ。図書館に来る人がずっとめいわくするのよ。だから新しい本が買えるまでコピーのページで役目《やくめ》を果《は》たしてもらうの。
洋二　そうか……、わかった。
真也　わかった、ぼくもやる。
ナレーターA　こうして三人は、休みの日を利用して、ほかの町の図書館に出かけ、同じ学習《がくしゅう》事典《じてん》を探した。その結果《けっか》ようやく、電車に乗って行った川向こうの町の図書館で同じ本を見つけることができた。

ナレーターB　理由を聞いて図書館の人は、こころよく同じページをコピーしてくれた。そのコピーをもって三人はあらためて、学習を手伝ってくれた町の図書館を訪《おとず》れた。

係の若者　ありがとう。君たちがそこまで本を使う人のことを考えてくれたこと、ほんとにうれしいよ。ぜひ私も手伝わせてもらうよ。

ナレーターA　さっそく三人は係のお兄さんといっしょに、窓《まど》のあるページにコピーしたページをはった。

洋二　できた！

真也　窓《まど》がしまった。

マサ子　これでみんなが使える本になったわ。

ナレーターB　もとの書棚《しょだな》におさまった学習事典《がくしゅうじてん》を見つめながら、三人の目は明るくほほ笑んでいた。

（おわり）

◆指導のポイント

①　一部が切り取られた、いわゆる「窓のあるページ」を見つけたとき、洋二たちは、どんな気持ちになったのでしょうか。

②　図書館のお兄さんが、洋二たちに親切にしてくれたのは、どのような理由からでしょうか。

③　マサ子の考えを実行に移した三人の行為を、あなたはどのように考えますか。

④　法やきまりを守って生活することが、地域や社会のためになぜ必要なのか、考えてみましょう。

◆指導上の留意点

・公徳心の大切さは頭で理解していても、実際の生活場面では、なかなか法やきまりを守れないのはなぜなのか、理解と実践のズレに気づかせる。

そのためには、法やきまりが破られたために大勢の人たちが迷惑をこうむること、この事実を具体的に体験させたい。この朗読劇の実践のめざすところである。

・この資料は、きまりを破った人を追うのではなく、その被害にあった子どもたちに焦点を当てている。子どもたちの「これと同じ迷惑が他人にもかかることを何とか避けたい」という善意の肯定に沿って、物語を構成している。この善意の面から、公徳心の意味を考えさせたい。

・マサ子の発案で三人が、窓のあるページを埋めようと努力する。この行為の動機づけをていねいに追うことで、ねらいに迫る授業の組み立てを図る。「マサ子たちの行為をどう考えるか」、またそれは、「どのような心のもち方から出てきた行為なのか」、これを中心の課題にしていく。

・図書館のお兄さんは、大人にやってほしい役である。教師がよい。女性教師の場合はセリフを女性用にアレンジしておこなう。

道徳朗読劇 小学校高学年用

自由への道

◆ねらい　1―(3)　自由を大切にし、自律的で責任のある行動をする。

◆あらすじ

ところはチェコスロバキアのある小さな町。そこで起こった出来事である。

一九三八年、第二次世界大戦のはじまる少し前、ナチス・ドイツは突然、軍隊を送ってチェコスロバキアの一部の地方を自国の領土に併合してしまった。そしてその併合された領土の中で、ナチス・ドイツに反対の行動をとるものが出ると、子どもといえども有無を言わさず強制収容所に送ったり、時には処刑することも辞さなかったりという弾圧を加えたのである。

物語はそんなある町の学校で起こった、自由を求める生徒と老いた教師の話である。

老教師の教え子三人がある日、占領軍ナチス・ドイツの非道なやり方、すなわち隣町の住民が町の自治を求めて集会を開いただけで、その主な人たちを強制収容所に送ったことは間違いだと批判したことがわかり、ナチス・ドイツの兵士たちによって教室から連行された。

町長や校長たちは、学校や町へのナチス・ドイツの弾圧を逃れるためには、自発的に、絶対服従を生徒に徹底して指導するという宣誓書を職員全員で書き、それをナチス・ドイツの司令部へ提出することが最善であると考え、その通りの指導を行う決定をする。

ふだんからその言動の誠実さで生徒に慕われており、「常に自分に忠実に、誠実に生きること」を教えてきた老先生は、その決定に断固として反対する。しかし、生徒や自分を守るためにも、ここは自分の信念を裏切ってもナチス・ドイツへの絶対服従を生徒に言うべきか、苦しみ迷う。どうしたらよいのか、いま、決断を迫られていた……。

重い足取りで教室へ向かった老先生だったが、まぶたの中には自由への限りない渇望の炎が燃え上がっていた……。そして、老先生が決断したことは……。

登場人物

ナレーター1　ヤーン・カダール先生（老先生）
ナレーター2　アンドレー・ハリモン（町長）
ナレーター3　グスタフ・マハティ先生（校長）

ナレーター1　チェコスロバキアは、ヨーロッパの中ほどにあった国です。一九三八年、第二次世界大戦《だいにじせかいたいせん》のはじまる少し前、ナチス・ドイツは、突然《とつぜん》、軍隊《ぐんたい》を送って、このチェコスロバキアの一部の地方を、ドイツの領土《りょうど》にしてしまいました。

ナレーター2　この話は、その領土《りょうど》にされたチェコスロバキアの、ある小さな町での出来事《できごと》です。

ナレーター3　その町の学校に、ヤーン・カダールという白ひげの年老《としお》いた先生がいました。きびしい先生でした。不正《ふせい》やひきょうな行為《こうい》は許《ゆる》さない。しかし、生徒を心から愛《あい》していた先生でした。

ナレーター2　ある朝のことです。いつものように授業をはじめようと、先生が教科書を開いたときでした。

ナレーター3　突然、入り口のドアが開いて、マハティ校長が入ってきました。

校長　ハベルカ、それから、モウチカ、そして、リンヤネク……三、三人はすぐ外へ……。そのまま、そのままでいいから……。

老先生　待ってください、校長先生。どんなご用かは知りませんが、いまは授業中であります。

ナレーター1　あとの言葉を続けようとした先生は、次のしゅんかん、言葉をのみました。

ナレーター2　開いたドアの向こうに、無言《むごん》のまま灰色の外《がい》とうをまとって立っている五人の男の姿《すがた》を見たからです。それはナチス・ドイツの将校《しょうこう》と兵士《へいし》でした。

ナレーター3　三人の生徒は、その場からドイツ兵につれ去られていきました。あとに残った生徒たちの背中《せなか》に、氷を背負《せお》ったような冷たいきょうふが走っていきました。

校長　（強く）校長先生、ハベルカたちは、何をしたというのです?

老先生　（苦しそうに）きのうの午後、あの三人が町の食堂《しょくどう》で、チェコスロバキア国民の在《あ》り方についてい意見をのべあったとき、いまのナチスのやり方は間違《まちが》っている、そう話したと。

校長　たった、それだけで……。

ナレーター1　いや、それだけではない。チェコスロバキアばんざい、チェコスロバキアばんざいと。

ナレーター2　（間《ま》をおいて）その日の夕方。放送局から、三人の生徒が反逆《はんぎゃく》の罪《つみ》で強制収容《きょうせいしゅうよう》所《じょ》に送られたというニュースが伝えられました。

ナレーター2　そして、翌朝《よくあさ》、校長先生は先生たちを校長室に集めました。そこにはハリモン町長の姿《すがた》もありました。

町長　みなさん、このまま先生たちがちんもくを守ればどうなります。ドイツ兵ににらまれるだけですぞ。そうなれば町長としての私の立場《たちば》はどうなります。いや私だけではない、町全体の問題です。そこで校長とも相談《そうだん》したのです。

校長　誓約書《せいやくしょ》、いや、宣誓書《せんせいしょ》です。これを作ってドイツ軍の司令部《しれいぶ》に出すのです。

町長　今後、決してドイツ軍にさからわない。そうきつく生徒に言い渡《わた》す。その宣誓書《せんせいしょ》です。

ナレーター3　ナチス・ドイツににらまれるのはこわかったので、先生たちはみんな黙《だま》ってうなずいていました。

ナレーター1　でも、カダール先生だけは違《ちが》ったのです。

老先生　ま、待ってください。あの三人は、ただ子ども心に言っただけなんです。

町長　(強い調子《ちょうし》で)言ってはならないことを言ったのです。

老先生　あの子たちは、つい最近《さいきん》、となりの町で起こった事件で、深い心の傷《きず》を負《お》っていました。

校長　カダール先生、もうそれ以上のことを話しても無駄《むだ》です。いまはただがまんです。

町長　校長の言うとおりです。うかつなことを言ってみたまえ。

老先生　いいえ、これだけは言わせてください。となりの町の人々が、チェコスロバキアの国の未来について自由に語る集会をもった。ただそれだけで反逆《はんぎゃく》の罪《つみ》に問われて、みんな強制収容所送《きょうせいしゅうようじょ》り、中には銃殺《じゅうさつ》された者もいたと聞いています。そのことは自由の道に背《そむ》くことであり、正しいことではない。生徒たちはそのことを知っているのです。

町長　自由は死んだのです。自由よりも、われわれはいまは、自分の命のことを考える。それが賢明《けんめい》な道ですぞ。

ナレーター2　町長のことばに、ふたたびみんなは大きくうなずくと、その場で宣誓書《せんせいしょ》に署名《しょめい》をしていきました。

校長　カダール先生、あとはあなたが署名《しょめい》するだけです。

ナレーター3　全員の注目の中で、校長先生から宣誓書《せんせいしょ》が渡《わた》されました。そのとき、カダール先生には、それをこばむ気力はありませんでした。自由は死んだ。あの町長のことばが、老先生《ろうせんせい》の心に深くつきささっていたのです。

老先生　（モノローグ）人間はいつでも自分に正直《しょうじき》に、そして誠実《せいじつ》に生きること。それには何よりも自由にものを考え、自由に意見をのべあい、その結果《けっか》については責任《せきにん》をもつこと。そのことをいつも生徒に言い聞かせてきた。その私がいま、生徒の前で逆《ぎゃく》のことを言わなければならない。そんなことができようか……。

町長　とにかく、いまから先生方は教室へ行って、これから自由にものを言ってはいけない、きつく口を閉《と》ざすように、そう指導《しどう》してください。校長先生、頼《たの》みましたよ。

校長　わかりました。では、諸《しょ》、諸君《しょくん》……。

ナレーター1　悲痛《ひつう》な声で校長先生は先生たちに、教室での指導《しどう》を頼《たの》み、深々《ふかぶか》と頭をさげました。

ナレーター2　（やや間《ま》をおいて）カダール先生は重い足どりで教室へ向かいました。教室にはだれが置いたのか、三人の空《あ》いた机の上に、白い花が一輪《いちりん》ずつ置かれてありました。

老先生　みなさん。

ナレーター3　先生はそれだけ言うと、声をつまらせました。自由は死んだ、あの町長のことばを生徒にどう伝えたらいいのでしょうか。

老先生　（モノローグ）言えない、それを言うことは、私自身《じしん》を裏切《うらぎ》ることになる。

ナレーター1　カダール先生は苦しみました。人間の自由を捨《す》てさせる。これからみんな貝のごとく、口を閉《と》ざして生きるのです。そんなことが、どうして言えるでしょうか。

ナレーター3　時間が止まったような、重苦しい沈黙《ちんもく》の時が流れました。

ナレーター2　突然《とつぜん》、椅子《いす》をけるようにして、カダール先生は立ち上がりました。

老先生　みなさん。人間にとって、この手にした自由は、どんなことがあっても、決して、決して、失ってはなりません。

ナレーター1　カダール先生は話を続けました。昨日、三人がそのために強制収容所《きょうせいしゅうようじょ》に送られた。彼らの命がどうなるかは誰《だれ》にもわからない。でもそれは人間として、とうてい許《ゆる》されるべき行為《こうい》ではない。

ナレーター2　自由があってこそ、正しい政治も平和な生活も築《きず》かれる。

ナレーター3　その自由を守り育てるために、世界の歴史《れきし》の中で、多くの血も流されてきた。

老先生　この自由をざんぎゃくな行為《こうい》によって、踏《ふ》みにじろうとするナチス・ドイツはさばかれなければなりません。

ナレーター1　生徒たちは、先生のことばを一言《ひとこと》も聞きもらすまいと、真剣《しんけん》に耳をかたむけていました。そして最後に、カダール先生は、しぼりだすような声で、はっきりと言いました。

老先生　（叫《さけ》ぶ）ばんざい、自由、ばんざい！

ナレーター2　それだけ言うと、先生は静かに椅子《いす》にこしかけ、目を閉《と》じました。

ナレーター1　そのとき窓《まど》の外に、灰色の外《がい》とうが動きました。ナチス・ドイツの兵士でした。

ナレーター3　（間《ま》を置く、静かに）その日の夕方、放送局は新しいニュースを伝えました。

ナレーター1　白ひげの年老《としお》いた一人の教師が、反逆《はんぎゃく》の罪《つみ》で強制収容所《きょうせいしゅうようじょ》に送られたニュースでした。

ナレーター2　ヤーン・カダール。生徒たちは決して、その名を忘れませんでした。

ナレーター3　そして、あの最後のことばを……。

ナレーター1・2　自由、ばんざい！

全員　（口をそろえて）自由、ばんざい！

（おわり）

〔光村図書の道徳副読本六年生に掲載されている同資料をアレンジして構成〕

◆指導のポイント

①　最後の「自由、ばんざい！」はどのような意味をもっているのでしょうか。（これを切り口に、老先生が命をかけてまで守ろうとした「自由」について、考えさせていく。）

②　こうして守られてきた尊い自由を、自分たちの生活の中でどのように生かすのか、具体的に考えてみましょう。

③　自由とわがままはどう違うのか、その自由を守るために必要な、生活の上でのけじめとは何かについて、みんなで考えましょう。

◆指導上の留意点

・道徳朗読劇を演じることで、物語の内容を理解するとともに、老先生の心情や行動に共感をもっている子どもが多いと思う。この心情を大切にして、あまり物語を分析的に捉えずに、「自由は死んだ」「自由があってこそ、正しい政治も平和な生活も築かれる」このことばをキーワードに、ねらいに迫っていく指導過程を展開していく。

・物語をはじめる前に、教師はヨーロッパの地図等を示して、チェコスロバキアという国（現在はチェコ共和国とスロバキア共和国に分かれており、物語の舞台ズデーテン地方はチェコ共和国のドイツ寄りにある）について、位置関係や日本との関係などについて、簡単に予備知識をもたせておく必要がある。

・読み手の児童・生徒たちは、「朗読劇のための小集団の事前指導」の項（六〇頁参照）を参考に、事前練習をして表現にはずみをつけておくと、いっそう効果的な同化効果をもたらすことができる。

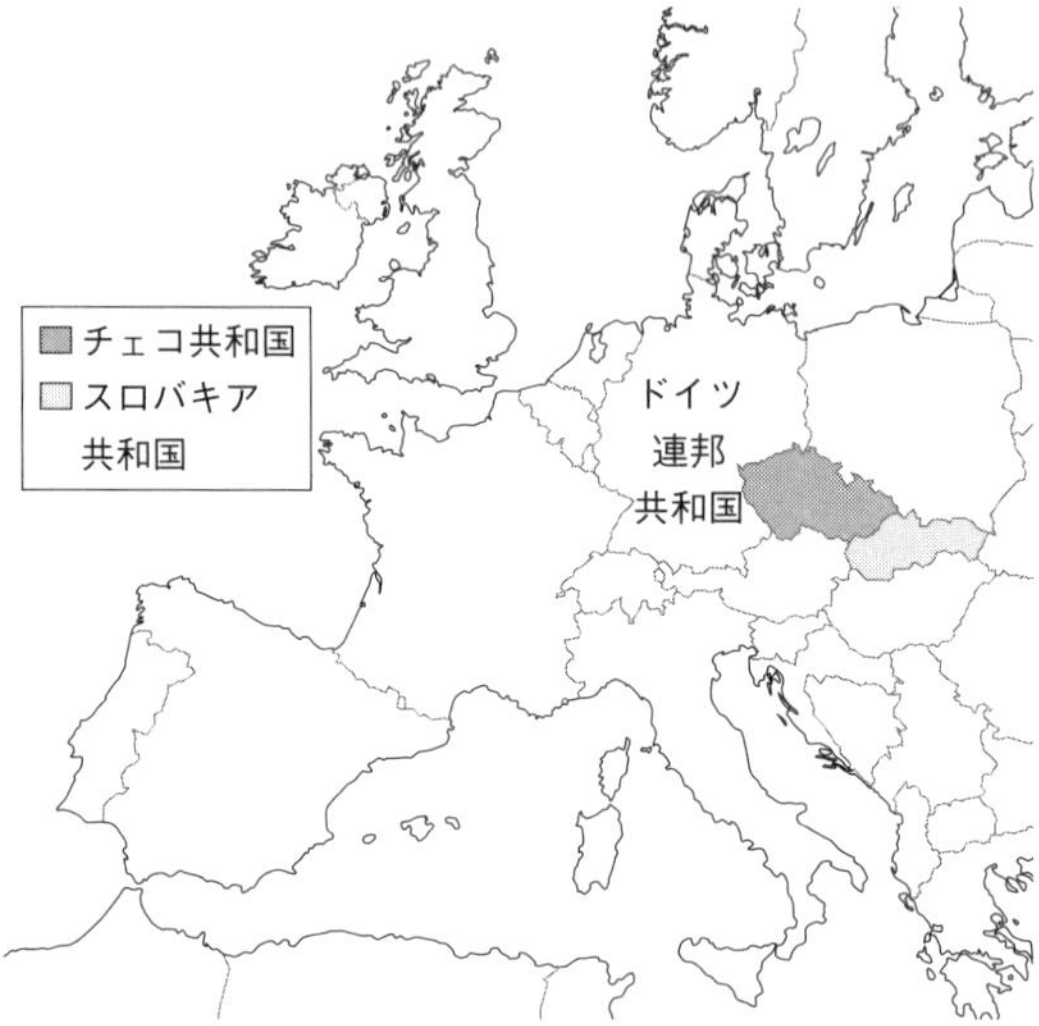

＊チェコスロバキア

一九一八年から一九九二年にかけて存在《そんざい》していた国。一九三九年にチェコとスロバキアに分かれたが、一九四五年に再びチェコスロバキアとして独立した。現在のチェコ共和国《きょうわこく》とスロバキア共和国。

＊ナチス・ドイツ

ナチスが支配していた時代のドイツを指す。

道徳朗読劇　小学校高学年・中学生用

失われた時間

◆ねらい　１―⑴　生活習慣の大切さを知り、自分の生活を見直し、節度を守り節制に心掛ける。

◆資料の特色

生活劇風にまとめられた朗読を主とした構成劇。一人称のモノローグ（独白・語り）で、主人公の心の動きが表現されている。それを通して聞き手に問題を提起する手法である。

◆あらすじ

半年前に交通事故で水泳部をやめた秋子が、かつてのライバル和美がインタビューを受けている学校放送をクラスの仲間とみている場面から物語が始まる。和美は水泳の地区大会で新記録を出し、学校の総合優勝の立役者になった。

しかし、和美の口から意外なことばが語られる。二年生のとき、パソコンに熱中し、深夜まで掲示板やブログにこって、すっかり生活のリズムを崩したというのだ。しかし、和美はかつてパラリンピックで活躍した元水泳選手の話を聞いて、生活のリズムの乱れから来る体調の崩れが、中学生時代という成長期の体にどんなにおそろしい影響を与えるのかを知り、立ち直ったという。

この和美の話は秋子の胸に深く突き刺さる。前日に深夜までテレビを見てしまい、翌朝寝坊してバスに乗り遅れたため、自転車で雨の中、その日開かれる大事な選考会に間に合うようにと無理をしたことが原因で起こった事故。二年生の夏休み前までは規則正しく自己管理できていた生活のリズムを壊した原因は、自分の欲望に負けたこと。それを思い知らされた秋子だった。

しかし、何も知らないみんなは「事故さえなかったら、秋子が今日のヒロインになっていたかもしれない」と言う。……秋子の心を振り返らせる過去の生活とは……。

登場人物

田島秋子《たじまあきこ》（三年生、元水泳部員）
大森勲夫《おおもりいさお》（秋子のクラスメイト）
山田誠子《やまだせいこ》（秋子のクラスメイト）
大沢和美《おおさわかずみ》（水泳部の選手）
鳴海京子《なるみきょうこ》（放送部員・インタビュアー）
秋子の母

秋子　（モノローグ）その日のランチタイム。昼食を食べながら、クラスのみんなの目は、校内放送の特別番組に集まっていました。クラスは違《ちが》いましたが、同じ三年生の大沢和美《おおさわかずみ》に放送部の鳴海京子《なるみきょうこ》が、先週開かれた地区の水泳大会について感想を聞く、インタビューの番組でした。

誠子　とにかくすごいわね。和美って。……だって百メートルと二百メートルと連続して大会新《たいかいしん》記録《きろく》を出したなんて……。

勲夫　これまで果《は》たせなかった我《わ》が校の、悲願《ひがん》の水泳大会総合優勝《そうごうゆうしょう》を、さらってきたんだ。誠《せい》子《こ》の言うとおりだ。すごい、すごい。……でもなあ、ひょっとして、ほんとは秋子《あきこ》だってできたんだ。おれそう思う。……あの事故《じこ》さえなかったら……。

誠子　うん。私もそう思う。あんな目にあわなかったら、もしかして、今日は田島《たじま》秋子へのインタビューだったかもしれない。

秋子　やめて、からかうの！

勲夫　からかってるんじゃないよ、ほんとうだって。おれだってついこの間まで水泳部にいたんだ。秋子とあの三組の和美が抜《ぬ》きつ抜《ぬ》かれつのタイム争《あらそ》いをしていた頃のこと、よーく知っているんだから。

秋子　そんなのいまは関係ない。

（モノローグ）私は否定《ひてい》しました。でも心のどこかで、勲夫《いさお》のことばがこだましていました。……たしかにあの事故《じこ》さえなかったら、いまの和美と私の立場《たちば》が入れ替《か》わっていたかもしれません。

（朝をつげるオルゴールの音）

秋子の母　（モノローグ）去年の秋のあの朝、小雨《こさめ》の降《ふ》っている日曜日でした。寝過《ねす》ごした秋子が血相《けっそう》をかえて居間《いま》に入ってきたのです。

秋子　お母さん、何で起こしてくれなかったのよ。今日は水泳部の競泳《きょうえい》のタイム選考会《せんこうかい》よ。事前《じぜん》の練習時間とっておいたのに、このままでは遅刻《ちこく》してしまう！

秋子の母　何を言ってるの、目覚《めざ》まし時計が鳴《な》ったとき、母さんはあんたの部屋に行って、カーテンも明けましたよ。何回も声もかけました。

秋子　起こし方《かた》が悪いのよ。ちゃんと起こしてくれたらよかったのに。

秋子の母　（モノローグ）いつもはバスで学校へ行く秋子は、その朝は取り乱《みだ》した様子《ようす》で自転車に飛び乗ると家を出ました。もちろん、朝ごはんも食べずに、ミルクを一杯《いっぱい》飲んだだけでした。

……いつから秋子がこんなに生活のリズムをこわしたのか、……たしか夏休みの前までは、決まったように六時に起き、朝食もゆっくり十分にとって、学校に通っていたのです。

秋子　（モノローグ）去年の夏休み、大学でミュージシャン仲間と活動していた親戚《しんせき》の良《りょう》ちゃんから、ライブ聞きにこないかって、演奏会《えんそうかい》のチケットをもらって、それからポップスの世界にはまってしまった私でした。深夜《しんや》の音楽番組やCDを聞きまくる。そんな生活でした。

秋子の母　秋子、母さんはね、音楽がいけないって言ってるんじゃないのよ。そのために夜更《よふ》かしや朝寝坊《あさねぼう》をする、そんなでたらめな生活のリズムに流されることが、こわいのよ。

秋子　平気、平気。

秋子の母　平気じゃないでしょう、今朝《けさ》だって。

秋子　（打ち消す）うるさい、うるさい。自分の時間をどう使おうと勝手《かって》じゃない。これでも水泳部では、私のタイムを破《やぶ》る人、いないんだから……。

秋子の母　大沢さん、和美さんはどうなの？

秋子　大沢さんは二年生になってから、どうしてか知らないけど、ずっと調子《ちょうし》おとしているの。理由？　そんなこと知らない。

（モノローグ）母にはそう言ったものの、実《じつ》は私の心には不安がありました。というのは、その大沢和美が最近は違《ちが》ってきたのです。競泳《きょうえい》でのタイムがだんだんと以前《いぜん》の大沢和美にもどってきていたのでした。

そして、それから間《ま》もなく。

誠子　どうしたの、秋子。昨日《きのう》やった水泳部の選考会《せんこうかい》で、大沢和美に破《やぶ》れたんだって？……勲夫に聞いたわよ。

秋子　大丈夫。今度は必ず破《やぶ》ってみせるから。

誠子　同じクラスの仲間として、期待してるんだから。

秋子　（モノローグ）その期待された第二回の選考会《せんこうかい》が今日開かれるのです。私は夕べ遅《おそ》くまで、ついテレビのライブの番組を、いつもの調子《ちょうし》で見てしまいました。気がついたら一時を過《す》ぎていました。

秋子の母　そして、今朝《けさ》、寝過《ねす》ごしてしまったのです。後悔《こうかい》する気持ちがありましたが、私はそれを打ち消すように、雨の中で勢《いきお》いよくペダルを踏《ふ》み込《こ》みました。

　あとで警察署《けいさつしょ》の人から聞きました。そのとき、突然《とつぜん》、信号の変わり目だった交差点《こうさてん》を乗用車《じょうようしゃ》が直進《ちょくしん》してきて、秋子の乗った自転車に接触《せっしょく》したのだということでした。

秋子　はずみで私は転倒《てんとう》し、体を歩道に激《はげ》しくうちつけました。左足首の骨折《こっせつ》と左大腿部裂傷《ひだりだいたいぶれっしょう》。全治《ぜんち》二カ月の傷《きず》を負《お》って病院生活を送りました。そのとき、私の水泳部での選手生活《せんしゅせいかつ》は終わったのです。

勲夫　悔《くや》しいよな、秋子、あの事故《じこ》さえなかったらな……。

秋子　（モノローグ）たしかにあの事故《じこ》さえなかったら。私は校内放送の画面から目を離《はな》し、当時《とうじ》のことを思い出していました。そのときでした。

誠子　秋子、見て、見て、インタビューで和美が秋子のこと話してる。

秋子　私はあわてて画面に目を移《うつ》しました。

和美　私、どうしても、あの田島秋子さんには勝《か》てなかった。

京子　田島秋子さんって、あの一組の？

和美　小学校のときから同じスイミングクラブでした。

京子　よきライバル、そういう仲だったんですね。

和美　中学でも同じ水泳部で、いろんな種目《しゅもく》で抜《ぬ》いたり、抜《ぬ》かれたり、タイムを争《あらそ》っていました。それが二年生になると、どうしても勝《か》てない。

京子　悔《くや》しかったでしょうね。

和美　でも原因は私にあったんです。父にねだって勉強に使うからってコンピュータを買ってもらったんです。でも、その頃、友だちに誘《さそ》われてインターネットの世界に深入《ふかい》りしてしまって……。

京子　深入《ふかい》りって、どんな風《ふう》に？

和美　掲示板《けいじばん》やブログに興味《きょうみ》をもって夜遅《おそ》くまで見たり、ポップスの世界にも……。

京子　私もときどき、同じように夜更《よふ》かしします。そんなときって翌朝《よくあさ》起きられないですよね。つい朝食抜《ぬ》きで登校《とうこう》して、三時間目あたりでダウン。お腹《なか》

和美　はすく、イライラする。
夜更《よふ》かし、朝食抜《ぬ》き、そんな生活を続けていると、体の中のブドウ糖《とう》が不足《ふそく》して、脳《のう》に栄《えい》養《よう》が行き渡《わた》らずに、体がパニック状態《じょうたい》になるって、あとで知って私おどろいたの。

京子　睡眠《すいみん》のリズムと食事のリズムって、深い関係があるって、私も祖母《そぼ》の読んでた健康《けんこう》づくりの本で知って、実はおどろきました。

和美　その生活のリズム、私、二年生になってすぐ、自分のせいで崩《くず》してしまったの。

京子　(身《み》を乗《の》り出《だ》すように)それで……?

和美　でもその夏、隣《となり》の町で行われたチャリティショーを、父に誘《さそ》われて見にいって、目を開かれたの。

京子　へえー。どんなチャリティショーだったんですか?

和美　障害者《しょうがいしゃ》を助けるためのチャリティ。実《じつ》はそれを主催《しゅさい》した人は、パラリンピックの水泳で優勝《ゆうしょう》したことのある女の人。その人が自分の体の障害《しょうがい》を乗《の》り越《こ》えようと、水泳の道で苦《く》闘《とう》した経験談《けいけんだん》を聞いたの。私、感動《かんどう》してしまった。

京子　一口《ひとくち》に言って、どんなところに感動《かんどう》したんですか?

和美　パラリンピックに挑戦《ちょうせん》したこの方《かた》の闘《たたか》いは、他人《たにん》との闘《たたか》いではなく、自分自身《じしん》との闘《たたか》いだったということ。それも自分の日常生活《にちじょうせいかつ》の時間の組み立てとの闘《たたか》いだったというの。

京子　日常生活《にちじょうせいかつ》の時間の組み立てとの闘《たたか》いって、具体的《ぐたいてき》に言うと?

和実 目標を立てたら、そのために自分の生活のリズムをつくる。彼女は話したわ。人間には体《たい》内時計《ないどけい》と体の外にある自然《しぜん》の時間、つまり二十四時間の地球時間《ちきゅうじかん》がある。この二つの時間のリズムをどう合わせるか、それがポイントだって。

京子 ちょっと難《むずか》しい話だけど、つまり私たちの生活のリズムと健康《けんこう》には、切っても切れない関係があるということですね。

和美 私はその関係を狂《くる》わせてしまったの。音楽やパソコンに付き合う気ままな時間を自分の時間だと勘違《かんちが》いしていた。でもはっきりした目標だった水泳の道と、学校での生活、このバランスを保《たも》つための生活のリズムの組み立て直しが必要だったってことに気づいたのです。

誠子 おどろいた、おどろいた。和美がさ、インターネットにのめり込んだり、ポップスに熱を上げてたなんて、秋子、知ってた？

秋子 （モノローグ）もちろん、私も知りませんでした。けれども、たしかにあの二年生のはじめ頃、和美の泳ぎは崩《くず》れ、私のタイムを越《こ》えることはありませんでした。その油断《ゆだん》の中で私も同じように生活のリズムを崩《くず》していったのです。自分の時間なのだから自分で勝手《かって》に使ったらいい。母の心配も受け入れず勝手気《かってき》ままに過《す》ごしていた私だけの生活時間。その日、その日の楽しみだけにこだわった私だけの世界。でも、大沢和美は、そこから立ち直っていったのです。それなのに私は……。

勲夫 でもさ、秋子、おしいよな。あの事故《じこ》さえなかったらなあ……。

秋子　（モノローグ）ふたたび繰《く》り返《かえ》される勲夫のなぐさめのことばが、刃《やいば》となって心に、いいえ、私の失われた時間に、突《つ》き刺《さ》さってくる思いでした。私はそのまま立ち上がると廊下《ろうか》に出ました。そのとき、頬《ほお》に熱いものがこぼれおちたのを、誰《だれ》にも見られまいと、私は長い廊下《ろうか》を歩いていきました。

（おわり）

〔光村図書の道徳副読本中学一年生に掲載されている同資料をアレンジして構成〕

◆指導のポイント

① ラストの場面で、主人公秋子が、「失われた時間」に刃が突き刺さってくる思いの中で涙を浮かべる。ここに焦点を当てて授業を展開する方法もある。

② 「この涙は、いったいどういう心理から流れたのか。」この問いに児童・生徒はさまざまに反応するだろう。「くやし涙」「後悔の涙」「みじめな結末への悲しみの涙」等々。

ここを起点として、秋子の自分自身の生活への「振り返り」の視点を、児童・生徒一人ひとりの自分の日常生活への視点と重ねていけたら、ねらいに迫ることができると考える。

③ 基本的な生活習慣、特に日常生活の好ましい生活リズムの構築は、その重要性を頭では理解できるようでも、実際はなかなか実践行動が伴わない難しさをもっている。

そこでこの資料は、体内時計と地球時計の存在と関係という生理的な観点から理解させる「知の学習」の要素も含んでいる。

④ モノと情報の溢れる現代の生活様態の中で、特に学校生活と日常生活を調和させて、生活のリズムをどうつくっていくべきか、具体的には肥大する欲望と節制との心の葛藤場面が問われる問題である。ここに終局のねらいを絞って授業を展開する。

◆指導上の留意点

・学校によっては、テレビではなくラジオで校内放送を行っているかもしれない。そうした学校では台本の「テレビを見る」を「ラジオを聞く」に変更して使ってほしい。

・この朗読劇にはナレーターを特別には設定していない。主人公秋子の「モノローグ」(独白)という形式で、筋の展開や回想の場面を聞き手に伝える方法をとっている。こうした方法は、演劇では古くはシェイクスピアの戯曲でよく使われている。

モノローグは自分の心の中の動きや物語の説明など、観客に向かって語る場面でしばしば使われる。この朗読劇にも主人公の秋子や母親が、モノローグを通じて語り手の役割を果たす場面がいくつか挿入されている。

ここで留意することは、相手との対話のセリフから、聞き手一般に語りかけたり、自分の心と対話したりするモノローグに変わるときは、聞き手に明らかにその変化が理解できるように、間を生かしたり、セリフのトーンを変えるなど、十分、その変化を含んだ表現を工夫する必要があるということである。

また、この朗読劇には、物語に幅をもたせるため、過去と現在が交互に組み込まれているが、その過去と現在の入れ替わる場面でも同じ表現上の工夫が求められる。

学級の聞き手の児童・生徒一人ひとりのイメージに訴える朗読劇の効果によって、児童・生徒の実体験の生活感覚を呼び戻し、自分の生活経験を通じて「秋子に同情する」あるいは「批判的にその行動を捉えていく」ということを具体的に判断させる、この指導を道徳の授業の中で可能にする。これが朗読を主体とした劇的構成をもつ資料の特色の一つである。

演じ合う、聞き合う、その関係の中で、五感を通じて問題に迫り、体験する授業がここにある。

道徳朗読劇 小学校高学年用

友だちだから

◆ねらい　2―(3)　互いに信頼し、学び合って友情を深め、男女仲よく協力し助け合う。

◆あらすじ

武夫と正夫は同じ団地に住み、お互いの母親同士がスーパーで働いていることなどから、家族ぐるみの付き合いをしていた。正夫はふだんから体が弱く、よく熱をだしては学校を休んだ。そんなとき武夫は正夫のために学習ノートを作って届けるなど、何かと正夫の面倒を見ていた。その正夫が父の仕事の関係で、急に沖縄に移り住むことになった。

正夫の転校を聞いた朝の一時間目の授業のときだった。思わぬことが起こった。

教室の後ろの掲示板にはってあった一週間前の遠足の写真に先生の目が止まった。

「誰ですか、この遠足の写真に落書きした人は？」

武夫ははっとした。「犯人は自分だ。しまった消し忘れた。」

前日、正夫と二人で放課後、学級図書の整理をしているとき、つい、面白半分で記念写真に先生とその両脇にすまして座っている良夫と和子の鼻の下に、エンピツでヒゲをかいたのだ。面白半分にやった一時の遊び心だった。もちろん、帰りには消すつもりだった。ところがそのとき、突然、かなり大きな地震で校舎がゆれた。一カ月前、地方を襲った大地震の記憶が生々しかった。テレビや新聞で報道された写真のすごさ。二人はあわてて作業を止めて、大急ぎで家に帰った。写真のヒゲを消すのをすっかり忘れて。

「自分がやりました。」すぐ手をあげて謝るつもりだった。しかし、憤慨する良夫と和子の見幕に、武夫の体は硬直してしまった。重苦しい雰囲気が教室の中によどんだ。

そのときだった。その雰囲気に耐えられなくなったのか、突然、正夫が涙をぬぐうと机の上に顔を伏せた。先生もみんなも、転校直前の正夫を責める者はいなかった。何も無かったかのように授業が始まっていった。

武夫は悩んだ。自分がやったことを正夫が無言の中に背負った形になった。

その夜、武夫は団地にある小公園に正夫を呼んで謝った。

しかし、そんな武夫に正夫は言った。「どうせぼくは転校して行く身、それより武夫くんが困ってしまう姿を見るのはつらかったんだ。君にはすごく世話になっている。そんなこと考えたら、つい涙がでてしまって。ぼくは君の友情に感謝している。その感謝の証《あか》しとして、この事件は二人だけのひみつにしておこう」と言った。

正夫は転校していった。それから半月後、正夫から手紙がクラスに届いた。転校先の学校で元気にやっていることや、在学中はみんなにお世話になったお礼のことばがつづってあった。

しかし、良夫と和子の反応はきびしかった。謝罪もせずに転校していった正夫をゆるせないと言う。

その日、家に帰っても武夫の心は晴れなかった。

「ぼくはほんとうに、正夫くんの友だちだったのだろうか」

武夫はあの晩、正夫が言ったことばを思い出してはかみくだくように、自分のこころに問うていった。「友情、感謝、証し……。」

その重い問いを自分に向けて行くうちに、武夫の胸に新たな決意がわいてくるのだった。

登場人物
武夫《たけお》　先生
正夫《まさお》　ナレーターA
良夫《よしお》　ナレーターB
和子《かずこ》

武夫　（モノローグ）正夫《まさお》くんが転校《てんこう》する。昨夜《さくや》おそく勤《つと》めから帰った母からそのことを聞いて、ぼくはおどろいた。翌朝《よく》、ぼくは真《ま》っ先《さき》に正夫くんの席に行った。

正夫　ごめん、急にお父さんの仕事で、沖縄《おきなわ》に行くことになったんだ。

武夫　オキナワ？

正夫　ぼくの体のためには、暖《あたた》かくて、空気がきれいな沖縄《おきなわ》はいいって、お母さんもさんせいなんだ。

武夫　四年生のときからずっと君とはいっしょだったのになあ。

正夫　ありがとう、武夫《たけお》くんには感謝《かんしゃ》している。

ナレーターA　正夫はときどき学校を休んだ。体が弱く、季節《きせつ》の変わり目になるとよく熱を出した。そんなとき武夫は、学習ノートを正夫のためにつくって届《とど》けるなど、何かと正夫の面倒《めんどう》をみていた。

ナレーターB　二人の母が同じ職場《しょくば》で働《はたら》き、仲がよいこともあって、団地《だんち》の中で早くから家族《かぞく》ぐるみの付き合いをしていた。その正夫が転校《てんこう》する。武夫はショックだった。

ナレーターA　そんなときに思わぬ出来事《できごと》が起こった。ある日の一時間目の授業のときだった。教室の後ろの掲示板《けいじばん》にはり出してあった、一週間前の遠足《えんそく》の記念写真《きねんしゃしん》の前に行った先生が、突然《とつぜん》立ち止まった。

先生　誰《だれ》ですか、この写真にいたずらした人は？

ナレーターB　先生はやさしく、みんなを見まわしながらたずねた。

武夫　（モノローグ）ぼくははっとした。たいへんなことになった。思わずぼくは正夫くんの方《ほう》を見た。……正夫くんはじっとうつむいたままだった。どうしよう、ぼくはまよった。

先生　もう一度聞きます。誰ですか、私と、両脇《りょうわき》に座《すわ》っている良夫《よしお》くんと和子《かずこ》さんの顔に、エンピツでヒゲを描《か》き入れた人は。手をあげてください。

良夫　誰《だれ》だよー。なんのうらみがあって、こんなことするんだよー。

和子　ひどい、ひどい、ひどいよー。（泣き声にかわる）

武夫　（モノローグ）ぼくは思い切って手をあげようとした。でも、良夫くんと和子さんのいきどおる声を聞くと、体の中につめたい氷がはりめぐらされたように、固《かた》まってしまった。

ナレーターA　昨日《きのう》の放課後《ほうかご》、武夫と正夫は学級の図書整理《としょせいり》で教室に残っていた。仲間が持ち寄《よ》った本にカバーをかけたり、図書カードを作ってはさみこんだりする作業《さぎょう》をしていた。途中《とちゅう》で仕事に疲《つか》れた武夫が、掲示板《けいじばん》にはってある遠足《えんそく》の写真を見て笑って言った。

武夫　良夫くんと和子さん、先生のそばですましてる。ちょっとヒゲつけてやろうかな。（モノローグ）ぼくはそのとき、ほんの軽いきもちだった。遊び心だった。正夫くんもそのヒゲの顔を見て、吹《ふ》き出した。……もちろん、すぐ消すつもりだった。

ナレーターB　そのときだった。突然《とつぜん》、校舎《こうしゃ》がゆれた。かなり大きな地震《じしん》だった。二人はあわてた。つい半年前にある地方を襲《おそ》った地震《じしん》の映像《えいぞう》をテレビで見ていた。そのおそろしさが頭をよぎったのかもしれない。武夫たちは急いで家に帰った。……あの写真のヒゲを消すのも忘れて。

武夫　（モノローグ）ぼくの頭は真っ白になった。でも、でも、どうしたらいいんだ。

先生　やってしまったことはゆるします。しかし、それをかくそうとするそのはずかしい心はゆるしませんよ。

ナレーターA　先生は静かに、しかし、きびしい声で言った。重苦しいよどんだような沈黙《ちんもく》の時間が流れた。（間《ま》）

ナレーターB　そのときだった。それまで下を向いていた正夫が、急に涙《なみだ》をぬぐうようにして顔を机に伏《ふ》せた。

武夫　（モノローグ）なぜ、なぜ、正夫くんが！……ぼくは心の中で叫《さけ》んでいた。

ナレーターA　しかし、涙《なみだ》を流す正夫の姿《すがた》を見て、クラスのみんなは、すべてを察《さっ》したかのように先生を見た。その目は、あさって転校《てんこう》していく正夫をゆるしてくださいと訴《うった》えているように、先生には思えた。

ナレーターB　その日一日、武夫は正夫の顔を見ることができなかった。苦しかった。でも、その夜、武夫は思い切って正夫の家に行き、近くの公園にさそった。

武夫　ぼく、ぼく、あやまる。これからどうしたらいいか。

正夫 （さえぎる）いいんだよ、武夫くん。それより武夫くんが心配だったんだ。ぼくがこのまましらん顔をしていたら……そう考えたら、どうしていいかわからなくなって、そしたら急に涙《なみだ》が出てきて……。ぼくってああいうときになると弱いんだ、耐《た》えられないんだね。

武夫 でも、そのために、君が……。

正夫 ぼくは転校《てんこう》していく。みんなにどう思われてもいい、ただ武夫くんとの友情《ゆうじょう》を大事《だいじ》にしたかったんだ。今夜のことは二人だけのひみつ、友情《ゆうじょう》の証《あか》しとして、胸《むね》にしまっておこうよ。

（大きな間《ま》）

ナレーターA こうして二日後、正夫は転校《てんこう》していった。

そして半月がたった頃、正夫からクラスに一通《いっつう》の手紙が届《とど》いた。掲示板《けいじばん》にはり出されたその正夫の手紙を見て、和子は言った。

和子 手紙にはクラスのみんなにお世話《せわ》になりました、ありがとうって書いてあるけど、わたしにはとうとう謝《あやま》りもしないで行ってしまったのよ、あの人。

良夫　ぼくにだってそうだよ。あいつ、最後にあんなきたないいたずらしていくとは思わなかったよ。

和子　正夫さんって見た目と本心《ほんしん》は違《ちが》ったのね。

良夫　やめよう、もうその話、考えただけでもむかつくよ。

ナレーターB　手紙の前でふんがいしながら話し合う和子と良夫を見て、武夫の心はゆれた。その夜、家に帰っても武夫は心が晴《は》れなかった。あの公園で正夫が最後に言ったことばを、何回も何回も思い出してはかみ砕《くだ》いていた。

正夫　ぼくは転校《てんこう》していく。みんなにどう思われてもいい、ただ武夫くんとの友情《ゆうじょう》を大事《だいじ》にしたかったんだ。今夜のことは二人だけのひみつ、友情《ゆうじょう》の証《あか》しとして胸《むね》にしまっておこうよ。

武夫　（モノローグ）ぼくは、ぼくは正夫くんのほんとうの友だちなんだろうか。

ナレーターA　正夫の言った「友情《ゆうじょう》の証《あか》し」として、これから自分はどうしたらいいのか。

ナレーターB　窓《まど》から見える満月《まんげつ》を見ながら、武夫は心に問い続けていった。

（おわり）

◆指導のポイント

① 正夫はなぜ涙を流してしまったのでしょうか。その正夫の気持ちについて、あなたはどう考えますか。

② 武夫に対して「友情の証し」と言った正夫の考えを、あなたはどのように思いますか。

③ 月をながめながら、武夫は最後にどのような考えになり、どのような決意をしたと思いますか。また、あなただったら、どのようにしますか。話し合ってみましょう。

④ お互いに信頼し合って、友情を深めようとする場合、どのようなことが大切なのか、この劇の朗読を通じて考え合ってみましょう。

◆指導上の留意点

・この朗読劇は、一種の心理劇の形態をもって構成されている。そのため主人公武夫の心の動きや考え方等が、モノローグ、つまり独白（語り）で説明されている。そこで、武夫が物語の説明をするところ（特に情景等を話すところ）と、自分の心理を語るところは、はっきりと区別して朗読させる必要がある。

・先生の役は、できるだけ教師自身がその役割を担って、朗読してほしい。教師との一体感の中で問題に対面していく臨場感を子どもが体験するからである。

・正夫がその場の重苦しい雰囲気に耐えられなくなって涙する気持ち、その繊細な面、ひ弱な面は、虚弱な体質とあわせて、子どもに理解させてほしい。そしてその心が、特に武夫に対しての友情へ重なっていく、その繊細な気持ちの表れに子どもたちが気づいていくことで、「真の友情とは何か」のねらいがあぶり出されてくる。

・最後の場面の後に武夫がどのような決意をするかを各自でノートにまとめさせ、各自の考えをもとに授業を展開していく指導方法もある。
・友情を単に、特定の友人関係の中の利害にこだわる価値観による関係ではなく、広く、未来志向に富んだ、社会的な視点に立った確かな関係に作り上げるためには、どうしたらよいのか、この点をしっかり子どもに考えさせたい。

◆指導略案

・以下は、実際に「友だちだから」の朗読劇台本を使った授業の指導略案である。六年生のクラスを対象に実施した。実施にあたっては、事前に一時間ほど時間をとって、出演する児童を指名して事前指導を行った。事前指導は本書掲載の「朗読劇のための小集団の事前指導」(六〇頁参照)の内容に沿って実施した。
・この指導略案では、導入で「友だち」についての感想に触れた後、すぐに朗読劇を通じて内容に迫る授業を展開している。
※以下に掲載した指導資料は、次の方の提供によるものです。
　神奈川県川崎市立西菅小学校
・指導者　山地裕司(六年生担任)

道徳学習指導略案

第６学年Ａ組
指導者・山地裕司
（神奈川県川崎市立西菅小学校）

1．日時　（略）

2．主題名　友情について

3．ねらい　互いに信頼し，学び合い，友情を深めようとする心情を育てる。

4．主題設定の理由

友情を単に利害にそった特定の友人関係に求めるのではなく，広く，未来志向に富んだ社会的な視点に立った，共に伸びていく確かな関係に作り上げて行くためには，どうしたらいいのか。友情の証しをもとに展開する本資料を取り上げ，体験的な朗読を主体とした理解の過程を通じて，深く考えさせることをねらって本主題を設定した。

5．クラスの実態　（略）

6．資料について

本資料の中で「二人だけの秘密」にこだわりながら転校していった正夫のことを，後から考え続ける武夫の心の動きを追うことで，「明るく，社会的な視野の中でも，揺るぎのない命の喜びを共有し合える友情」を考えさせる。特に資料の最後に「窓から見える満月を見ながら」友人の心を察しつつ「自分はどうしたらいいのか」新たな選択を問い続ける武夫の思いに重点を置いてねらいの価値に迫りたい。

7．ねらいに迫るための手立て

本時の指導では，子どもたちがより現実的な身近な出来事として，ねらいをとらえることが出来るよう，直接的な生活場面として設定してある本資料を選んだ。しかも朗読劇という，直接，音声表現を通じて，クラス全員の子が問題の核心に五感を通じて迫れるという利点をもつ手法に注目した。黙読を通じての読解には，時間をかけて理解させる過程が多く，心理的な読みの理解が困難な子にも，朗読劇という構成と音声を通じての理解は極めて効果的である。この手法を生かした「生きた体験的な指導の展開」を意図して本資料を取り上げた。

8．本時の展開例

学習活動（主な発問と予想される反応）	指導上の留意点
1．友達に対してどのような感じを持っているのか話し合う。 ○友だちって，どんな親しみを持った仲間か。 ・一緒に遊ぶ仲の良い子。 ・心から何でも相談出来る仲間等。	・発表は数名で，「友だち」のイメージを出させることをねらい，本資料への橋渡しとする。

2.「友だちだから」の朗読劇を聞く。 ・指名された子が，教室の前に出て並び朗読を主体として演じる。(読み合う) ・演じ終わって朗読劇資料を全員に配布する。	・演じる子は，事前に指名して練習しておく。(一時間程度) ・シナリオは全員には事前に配布せず，聞くことに集中。
3．物語の全体構造を確認する。 ・主人公はだれか，それと関係する人物は。 ・どんな事件がおこったのか。 4．正夫と武夫の関係を考える。 ・先生が聞きただしたとき，正夫はなぜみんなに誤解される行動をとったのか。 ※体が弱く，気が弱かったから。 武夫のことが心配で耐えられなくなったから。 5．正夫が誤解されゆるされたことに対して，武夫はどんな気持ちになったのか。 ※正夫に申し訳ない。でもなぜ，そんな行動をとったのだろう。 ※正夫の行動で助かった。でも，会って真意を聞きたい。あやまりたい。 6.「友情の証しに」と言われたとき，武夫はどんな気持ちになったか。 ※やはり自分がやったと言うべきだった。 でも，いまさらできない。助かった。 ※正夫の言うように，この証しを守っていこう。 7．正夫からの手紙に反応する和子や良夫を見て武夫はどんな気持ちになったか。 ※このままでは，正夫は悪いイメージをみんなに持たれたままだ。 ・武夫の心はこれから，どのような選択をすべきだろうか，自分だったら。 ※考えを発表する。	・武夫と正夫を中心に人間関係を図式化して板書していく。 ・正夫の病弱な体と気の弱さ，武夫への「思い」そうした感情の動きに気づかせる。 ・正夫が誤解される場面を，何人かに，朗読させる。 ・公園の場面を再現して朗読する。 ・最後の場面を各自に黙読させる。 ◇ワークシートに書く。 ・やはり黙っている。 ・みんなに真相を話す。 ◆結論はださない。
8.「友情」は未来志向に富んだ互いに心の糧となるもの，教師の説話を聞く。 9．今日の授業の感想を書く。(ワークシートへ)	・正夫が泣いたとき，武夫のとるべき，明るい決断があったことに気づかせる。 ・時間が無ければ明日提出させる。
(注)　感想は教師が必ず見てから返却し，各自記録を累積しておく。	

道徳朗読劇　小学校高学年用

うわさのメール

◆ねらい　4―(2)　だれに対しても差別をすることや偏見をもつことなく公正、公平にし、正義の実現に努める。

◆資料の特色

児童の日常生活の中で、情報モラルの問題をどう取り扱い、どのような人間関係を考えて情報機器等を扱うべきか。その面を捉え、考えさせながら、ねらいの公正、公平、正義にせまる資料。

◆あらすじ

けい子の母は勤めが変わって忙しくなり、帰りが遅くなることも増えた。それにけい子が塾にかよい出したことや、親子の連絡を密にするということからも、母はようやくけい子が前から欲しがっていたケイタイ電話を買ってくれた。

ただ、けい子の学校では、ケイタイを学校にもってくることは、特別の許可がないかぎり禁止されていた。

けい子はそのケイタイを、同じクラスで塾でも一緒のみゆきに見せた。みゆきは初のメールを同じクラスのいさむに送信することを強くすすめた。いさむはメール狂と言われるほどメールが好きで、彼に送信すると面白い返信があるからと言う。

みゆきはけい子のケイタイで勝手に送信文を作り、躊躇《ちゅうちょ》するけい子にそれを見せた。いさむの隣の席のかおりを「ＫＹ」と言ってからかう文だった。

「ＫＹ」は空気の読めない、ウザイ子、それが仲間たちの隠語である。かおりはつい最近、児童会代表委員にみんなが推薦した、意見をはっきり言う活発な子だ。

けい子は送信をためらった。でも、いさむの返信が面白いからというみゆきのすすめに、何となく送信ボタンを押した。

その夜からけい子のケイタイに、クラスの子から「かおりのひみつ」といった、からかいや中傷のメールが届くようになった。いさむに送ったメールから、自分のアドレスがいつの間にか一人歩きをしていた。

二日後の朝、いさむが困ったことになったと言ってきた。かおりが急に児童会代表委員をやめると言う。それだけでなく、大好きな音楽クラブも休んで、家に引きこもっているらしいと言う。

「あのメールだ」けい子は胸を痛める。でもみゆきは「送信したメールはもうどらない、しかたないよ」と言う。

けい子は悩む、どうしたらいいのだろう。ケイタイを見つめながら、けい子はある決断をする。

登場人物
けい子《こ》
みゆき
いさむ
ナレーターA
ナレーターB

ナレーターA けい子《こ》ははじめてケイタイを持った。もっと前から欲《ほ》しかったけれど、けい子の母はなかなか買ってくれなかった。

ナレーターB でもけい子が塾《じゅく》へかよい出したことや、けい子の母が勤《つと》めが変わって忙《いそが》しくなり、帰りも遅《おそ》くなることもあって、とうとう念願《ねんがん》のケイタイを持つことができた。

みゆき 見せて、見せて。ワァーこのタイプ、あたしも欲《ほ》しい。いいな、わたしのなんか、もう古くて、変えたいと母に言ってるんけど、ダメ。

けい子　でも、学校にはぜったい持っていってはダメって、うるさいのよ。
みゆき　ねえ、メール、使ってみた？
けい子　まだ、だって相手がいないもの。
みゆき　だったらいさむがいい。
けい子　いさむって、うちのクラスの？
みゆき　そう。かおりのとなりの席の子。
けい子　やだ。あの子とわたし、全然《ぜんぜん》関係ない。
みゆき　あたしに貸《か》して、そのケイタイ。
ナレーターA　みゆきはいきなり、けい子のケイタイをとると、なれた手つきで何やら文をつづっていたが、しばらくするとその画面を見せた。
みゆき　どう、これ、面白《おもしろ》いでしょう。
けい子　（モノローグ）わたしはみゆきの打ち込んだメールを見ておどろいた。KY《ケイワイ》って、あのKY《ケイワイ》？
みゆき　もちろん、空気の読めない子、K《ケイ》は空気の頭文字のK《ケイ》、Y《ワイ》は読めないのY《ワイ》。
けい子　それがどうして、あのかおりさんなの？

みゆき　ウザいよ、あの子、まわりの空気読めずに、マイペースなとこ、あるじゃないの。今朝《けさ》だって、頭に来たんだよ。あたし、昨日《きのう》の町会《ちょうかい》の運動会で張《は》り切《き》りすぎてつかれてさ、今朝《けさ》の学校集会《がっこうしゅうかい》出たくないなと思っていたら、あの子、教室に来ていきなり、今日は朝の学校集会《がっこうしゅうかい》よ、早く出ましょうだってさ。

けい子　だってそれ、別にかおりさん悪いと思って言ったんじゃないでしょう。

みゆき　そこよ、人にはそれぞれそのときの気持ちってあるでしょう。それも読めずにそう言うのって、ＫＹ《ケイワイ》ぽいっていうの。さあ、早く、送信《そうしん》ボタン押して。

けい子　でも、どうしてそれをいさむさんに？

みゆき　いさむってケイタイ狂《ぐる》いで、面白《おもしろ》いメールが返信《へんしん》されてくるんだから。

けい子　だってこれ、かおりさんの悪口だもの、かおりさん、児童会代表《じどうかいだいひょう》委員《いいん》よ、クラスですいせんした人よ。

みゆき　そんなの関係ない。いさむに隣《となり》の席に気をつけろって警告《けいこく》してやるの、きっと面白《おもしろ》い返《へん》信《しん》来るから。

けい子　（モノローグ）わたしはあらためてメールを読んだ。「クラスにチョーＫＹ《ケイワイ》サイテイの人がいます。だれでしょう、あんたのとなりにチューモク、キャ！」

みゆき　さあ、押して！

けい子　（モノローグ）面白《おもしろ》い返信《へんしん》が来る。みゆきのことばにさそわれるように、何となく、わたしは送信《そうしん》ボタンを押した。

ナレーターB　その夜、ケイタイがなった。いさむからの返信《へんしん》だった。

（読む）きょうふのKY《ケイワイ》ヤマンバ、カオリヒメ、コワイ！　あいつの口デカイ、
オレ、飲《の》み込《こ》まれる、オタスケ八幡《はちまん》、ドラエモンサマー。

けい子　（モノローグ）わたしはふきだしてしまった。ケイタイって、面白《おもしろ》い。

ナレーターA　翌朝《よくあさ》、学校へ行くとみゆきがけい子に言った。

みゆき　ゆうべおそく、やなべくんからメールが来たの。

けい子　やなべくんから？

みゆき　かおりのことで書き込みがいっぱい。

けい子　どうして、やなべくんが？

みゆき　あんたが昨日《きのう》、いさむあてに送ったメールに書き込みが入って、クラスの仲間の間、飛びまわっているみたい。

けい子　えーっ、あのメールが！

みゆき　やなべくんからのメール、メモしてきた。読むわよ。

（読む）クラスのKY《ケイワイ》ヤマンバかおり、口は八つにしっぽは五つ、ヤマタノオロチか、
タタリの子、アーアおそろしやKY《ケイワイ》っ子。

けい子　ひどい、あのおとなしいやなべくんが、そんなこと書くなんて。

みゆき　いいじゃない、遊びよ。みんなたいくつしているの、面白《おもしろ》いメールが来たから、飛びついたのよ。

ナレーターB　その日の夜もけい子のケイタイに、クラスの子からかおりをからかうメールがとどいた。だれにも教えていない、ただ一回、いさむに送ったメールのアドレスが一人歩《ひとりある》きしていた。

ナレーターA　そして翌朝《よくあさ》、登校《とうこう》するなり、いきなりいさむがけい子とみゆきのところへ、あわててやってきた。

いさむ　ちょっと、困《こま》ったことになったよ。

みゆき　どうしたの？　あわてて。

いさむ　かおりがさ、児童会《じどうかい》の代表委員《だいひょういいん》やめたいって、先生にいいにいったんだって。

けい子　だってクラスのみんなですいせんした役じゃないの。

いさむ　先生がいくら説得《せっとく》してもだめらしいよ。

けい子　だめらしいって、だれに聞いたの？

いさむ　森下《もりした》、あいつ日直当番で、さっき職員室《しょくいんしつ》に連絡《れんらく》にいったら、かおりが先生に……。

みゆき　メールが原因かしら？

いさむ　どうかな、先生がいくら理由を聞いても、かおりはただやめたいの一点張《いってんば》りだったって、森下、言ってた。

けい子　ぜったいメールよ。それしか考えられない。

みゆき　そうかな。でも、かおりが児童会代表委員《じどうかいだいひょういいん》をおりると、またもめんどうだね。

いさむ　また話し合い、それがもめると選挙《せんきょ》、たいへんだ。もしかして、KY《ケイワイ》ヤマンバ、言いすぎだったかな。

みゆき　送っちゃったメールは、もう、もどらないよ。しょうがないわ。

ナレーターB　いさむの言うとおり、ふたたび明日、あらためて児童会代表委員《じどうかいだいひょういいん》を選《えら》ぶ学級会が開かれることになった。けい子はその日、家に帰っても心が晴《は》れなかった。そんなところへいさむからケイタイに電話がかかった。

いさむ　夕方、かおりの弟に会ったんだ。そしたらかおりがさ、音楽クラブもやめたいって、なんか引きこもりみたいになって、お母さんが困《こま》っているんだってさ。やっぱりあのうわさのメールかな……？

ナレーターA　電話が切れても、けい子はケイタイを見つめていた。

このケイタイから送信《そうしん》した自分のメールが、この一本の指から出たうわさのメールが、かおりの心をズタズタに切りさいた。どうしたらいいのだろう。送ってしまったメールは、もうもどらない。みゆきのことばがけい子の心にこだましていた。

けい子　でも、でも……。

ナレーターA　新しいケイタイを見つめたまま、けい子は考え続けていた。

（おわり）

◆指導のポイント

① けい子はどんな気持ちで、いさむへの送信ボタンを押したのでしょうか。
② みゆきの言う「ＫＹ」な子について、あなたはどう考えますか。
③ たった一回ボタンを押したことからかおりの心を傷つけたことを、けい子はどう考えたのでしょうか。
④ ケイタイの便利さと、その反面のこわさを考え合ってみましょう。

◆指導上の留意点

・授業の前に、クラスの子どもたちのケイタイやパソコンの所持と使用の実態を把握しておくとよい。その後の授業への突っ込みができる。例えば、その利便性や効率性などを話し合う導入になる。
・そうした導入から、その利便性の反面、ひとつ間違えると、他人の心を傷つける凶器にもなるということの資料として、この朗読劇を展開して、作中人物の行動を通じて、情報モラルについて考えさせる。

◆情報モラルの取り扱い

・情報に関する自他の権利の理解と尊重をうながす。

特に、ネット社会は発信も受信も、選択し、実行するのは個人だということの自覚をうながすとともに、自己の責任に強く触れる指導をする。

・基本的なルールを教える。

法律で決められたことや、その取り扱い上のルールを、発達段階に応じて教える。

・危険性を理解させる。

情報の信憑性《しんぴょうせい》や、ネットを通じた犯罪の危険性などを十分理解させる。

i　長崎県佐世保市で起こった小六女子による同級生殺害事件等を参考に、ケイタイやパソコンでのチャットや掲示板への書き込み、人を中傷するメールの送受信等から生じるトラブルについて、ていねいに指導する。

ii　出会い系サイトを使った誘惑、誘拐には厳重に注意し、甘言に弄されることのないよう、事例等あげて指導する。

iii　架空請求等の金銭的被害にあわないための指導を徹底する。

自由にサイトにアクセスしているうちに、他の回線につながり、後日、思わぬ高額の請求が来ておどろく場合がある等、サイトにアクセスする上での注意事項を徹底する。

特に、アダルトサイトや暴力的なサイトには、絶対にアクセスしないことを指導する。

ⅳ　保護者との連携も大切にする。

フィルタリングソフトの使用や、子ども用検索エンジンの利用などの情報を保護者に伝えることも必要である。

ⅴ　以上のような情報のセキュリティについて、児童、生徒はもちろん、保護者とも連携して、情報の交換に努める。

☆道徳指導では、情報モラルの指導のポイントは「的確な判断力を、その場でどう働かせることができるか」であり、それができるためには、他者についての想像力や、特に心の持ち方が重要であることを指導する。

◆指導案

・A案

事前にクラスでアンケートを実施して、メール使用の実態を把握し、それを参考にして朗読劇の内容を考え合う展開になっている。メールの面白さにつられてしまう自分の心と、そのために傷つく他人の心の痛みとの間の葛藤を中心に、好ましい選択について自省させていく。

・B案

中心資料に「うわさのメール」の朗読劇を使い、心の葛藤を軸にした授業の展開を図るのはA案と同じである。しかし、ここでは「まとめ」の段階で、「メールの問題や、その使い方」

に焦点をしぼり、好ましい判断力をもとにした情報モラルのあり方について、教師の説話を含めて考えをまとめている。

※以下に掲載した指導資料は、次の方の提供によるものです。
神奈川県相模原市立淵野辺東小学校
・指導者　馬場愛子（五年生担任）
・共同研究者　竹前こずえ、新関昌也、田部泰道、田所恵子

指導案（抜粋）

A案

◆資料分析

場面	登場人物の心の動き	価値との関連	価値追求と発問の意図	発問
・けい子は塾に通い出したことや親の帰りも遅くなるため，念願のケイタイ電話を持つ。 ・みゆきがけい子のケイタイ電話でかおりを「KY」とからかう文のメールを打つ。 ・いさむに送ってみようと誘われ，ためらいながらも送信のボタンを押してしまう。	・前から欲しかったケイタイ電話を買ってもらえてうれしい。 ・仲が良いわけではないいさむにメールを送るのは嫌だな。 ・なんでこんな内容のメールなのかびっくり。 ・かおりをからかうメールを送信するのはよくないよ。 ・でも断れないな。 ・メールぐらいなら大丈夫だろう。 ・面白い返信も見てみたい。 ・いさむだから大丈夫。	思いやり	・みゆきに誘われて，いさむにメールを送ることを断ることができない気持ち。 ・深く考えず，送信してしまう安易な気持ち。 ・ケイタイの楽しさ，誘惑が優先してしまう気持ち。	①けい子はどんな気持ちでいさむへの送信ボタンを押したのでしょうか。
・いさむ宛に送信したメールが書き込みメールとしてクラスの仲間の間を飛び回る。 ・ただ一回，いさむに出したメールのアドレスが勝手に一人歩きし始めた。	・メール１つでこんなことになってしまうの。 ・みんな，ひどいよ。 ・自分のメールがしたことなのか実感がわかない。 ・なんでこんなことに…怖いな，送らなければよかった。	思慮・反省	・かおりの気持ちを思ってもやめようと強く言えなかったことへの後悔，嫌悪感。 ・友だちの誘いとはいえ，メールを送っていいのか，やめた方がいいのか気持ちの葛藤。	②自分の送信したメールが勝手に一人歩きしているのを知ったとき，けい子は，どんな気持ちだったでしょう。
・かおりが委員やクラブをやめたいと言い，引きこもりのようになってしまう。 ・新しいケイタイ電話を見つめたまま，けい子は考え続けていった。	・みゆきにケイタイを見せなければ良かった。 ・私のメールのせいだ。かおりを傷つけてしまった。 ・なんであんなメールを送ってしまったのだろう。 ・「ごめん」と謝りたい。 ・あのときしっかりと断ればよかった。 ・みんなでかおりを何とかしなきゃいけない。	公正・公平・正義	・送信の誘いを断れずに送ってしまったことへの後悔。 ・みんなでかおりをひどく傷つけてしまったメール一通の影響力に対しての恐怖心。 ・友だちへの失望感。 ・たった一回の過ちがこんなにも相手の心を傷つけてしまうことに気づかせたい。	③「でも，でも…」とケイタイを見つめるけい子は，どんな気持ちでしょう。 ④もし，自分のところにメールやうわさ話がきたら，どうしますか。

● 本時のねらい

・他人の意見に左右されず，誰に対しても公正・公平な態度をとろうとする心情を育てる。

● 授業の視点

・朗読劇を使うことによって，より場面状況を理解し，主人公の気持ちを考えることができたか。また，手法としてはどうだったか。

・後段にかけて，資料の内容が自分の問題として捉えられ，今までの自分と比べてみることができたか。

● 本時の展開

	予想される学習活動 □主発問　○発問　・児童の反応	教師の留意点と支援 ・留意点　＊支援
導入	1．自分のうわさ話を聞いたとき，どんな気持ちがしましたか。	・そのときの気持ちを想起することにより，資料へ入りやすくする。
展開 前段	2．朗読劇「うわさのメール」を聞いて話し合う。 （児童による朗読劇） ①けい子は，どんな気持ちで，いさむへの送信ボタンを押したのでしょうか。 ・いさむから面白いメールがくるのが楽しみだな。 ・かおりの悪口を打ったのはみゆきだし，わたしじゃないし。 ②自分の送信したメールが勝手に一人歩きしているのを知ったとき，けい子はどんな気持ちだったでしょう。 ・ひどい，こんな書き込みメールになるなんて。 ・かおりが知ったらどうしよう。 ・いさむさんは，どうして私のメールを回したの？ ③「でも，でも……」とケイタイを見つめるけい子は，どんな気持ちでしょう。 （ワークシートに記入する。） ・許してもらえるまで謝ろう。 ・まさかこんなことになるなんて。送信しなければよかった。 ・クラスみんなで謝った方がいいかもしれない。 ・かおりは大丈夫だろうか。	＊朗読劇をより理解するために人物カードも提示する。 ・面白さにつられ，相手の気持ちに気づいていない気持ち，いさむからメールが届いたときの気持ちを押さえておく。 ・けい子の気持ちの変化を押さえ，自分の過ちに気づくことができるようにする。 ＊けい子の後悔はすぐ想像できるだろうが，集団で抑制することができなかったことにも気づかせるために，絵カードを用意する。 ・けい子の気持ちを考えて学習カードに記入させ，多様な意見が出るよう机間指導をし，把握する。
後段	④かおりがもとの元気な姿にもどれるためにはどうしたらよいだろう。 ・みんなで謝りに行く。 ・学級会で話し合う。 ・今度，こんなことがあったら止める。 3．資料やアンケートの結果から，これまでの自分や学級の実態を振り返り，話し合う。 ○もし，自分のところにメールやうわさ話がきたら，どうしますか。 ・止める気持ちもあるけれど，迷うときもあるかもしれないな。 ・やっぱり，いけないと思ったら止めよう。 ・迷うかもしれないな……	・集団の中で自分はどうあるべきか，考えるきっかけを与えたい。 ＊感情カードを利用し，自分の揺れ動く心の中を素直に表せるようにする。 ・友だちの意見を聞きながら，集団の中でも正しいと思ったことを貫く気持ちや誰に対しても公平であることの大切さに気づけるようにする。
終末	4．教師の説話を聞く。 「和して同ぜず」	・今後の生活に生かせるような話をする。

● 評価

・人の意見に左右されず，誰に対しても公正・公平な態度をもって接しようとする心情を育てることができたか。

月　日　五の（　　）

うわさのメール

◎「でも、でも……」とケイタイを見つめるけい子は、どんな気持ちでしょう。

☆

◎今日の感想を書きましょう。

朗読劇「うわさのメール」指導試案 B案

	主たる発問	児童の反応	指導上の留意点	価値関連
導入	1．陰で自分がうわさに乗っていると感じたとき，どんな気持ちがしますか。	・いやだ。 ・憤慨するなど。		
	2．そのことを題材にした朗読劇を聞こう。 「うわさのメール」の朗読劇を演じる。		・あらかじめ，指名の児童が前に出て演じる。	
展開前段	3．物語の筋は，登場人物は？	・けい子，以下，四名を挙げる。	・板書，またはパネルで提示する。	
	4．登場していない，陰の主人公かおるの気持ちを考えよう。 ・どんな目にあったのでしょう。 ・もしみんながそんな目にあったらどんな気持ちになるでしょうか。	・メールで悪口を書かれた。 ・みんなが面白半分にやった。 ・悲しい。落ち込む。憤慨する。 ・学校に行きたくなくなる。	・物語の中心部の確認。 ・いじめの対象になった児童の気持ちを想起させる。	◇公平公正と差別意識に触れる。
	5．どうして，こんなことが起こったのでしょう。 ・けい子はどんな気持ちで送信したのでしょうか。 ・みゆきやいさむも，どんな気持ちで送信したのでしょうか。	・けい子のメールが原因。 ・いやだったけど，成り行きで。 ・たいしたことはない。 ・面白い返信を期待した。	・ケイタイのこわさを感じ取らせる。	◇思慮分別
	6．けい子はどうしたらいいと考えたのか。 出ていったメールは，もうもどらない。 ・このことばをけい子はどのように感じたのでしょうか。	・こまった。どうしよう。 ・やはりそうかな。 ・でも，このままでは。		
後段	7．ケイタイをみつめたまま，けい子は考えた。もし，これから後，あなたたちなら，どうするか，考えあおう。 ・ただ謝るだけで，かおりの深い心の傷をいやすことができるのだろうか。 ・かおりをどうしたら，もとの元気な姿にすることができるか，そのためにみんなでできることは？	・かおりに謝る。 ・先生に話して謝る。 ・みんなと相談して，謝る。 ・メールの取り扱いに十分注意していく。 ・明るい学級をつくる。 ・楽しい遊びや付き合い方を考えたい。	・一人ひとりの児童の心の問題として捉えかおりの心の傷をどうしたらよいのか，考えさせたい。 ・実践への意欲づけ	◇正義の実現への意欲に触れる。
終末	8．まとめ メールは便利な道具，使い方では自分や相手も傷つける凶器になる。だから，使う人間の温かな心と，考える判断の力が大事だな。 ◇教師の板書 **「メールには，人間の愛の心を充電することを，忘れるな！」** ◇朗読劇を上演した仲間に拍手。	・考えをノートしてみる。 ・みんなで拍手。	・メールやパソコンなどの情報の取り扱いについては，機会を捉えて，指導することを確認。	

あとがき

道徳の授業を子どもにとって魅力あるものにするにはどうするか。長年、道徳指導の研究に従事してきた私にとって悲願のテーマでした。

この間、道徳の指導主事やＮＨＫの道徳ＴＶ番組の企画と台本執筆を十年近く続け、文部科学省の道徳資料作成にも携わってきた私が、最近、注目した指導と資料づくりが、この道徳の授業のための「朗読構成劇」です。朗読劇の手法を駆使した生きた言語空間の構成を伴った道徳の授業の立ち上げに効果があると確信したのです。

幸い、この指導に協力してくださった先生方も多く、中でも学校として実践授業等に参加していただいた神奈川県相模原市立淵野辺東小学校の先生方や川崎市立西菅小学校の先生方には感謝しています。

いくつかの実践授業を通じて、子どもの生き生きとした朗読劇への参加、そしてねらいに迫る活性化した授業を見て、新指導要領で期待されている「新しい魅力に富んだ道徳資料の開発」に一石が投じられた感を胸に抱きました。

長いこと全人教育の立場から児童文学、特に青少年演劇の仕事にかかわってきた私にとって、戦後、一時、学校現場で盛んに上演された「生活劇」の題材や手法が大いに役立ち、また、臨場感に溢れた問題提起が内容として構成されたことは幸いでした。

学校現場には脚本や童話作品等の執筆や実践に参加している先生方も多くいます。これらの先生方が道徳指導のための魅力的な資料の開発に立ち上がってくださることを、この書を上梓することで大いに期待したいのです。

なお、出版にあたり黎明書房の武馬久仁裕社長及び編集担当の吉川雅子さんには多くの示唆と助言をいただきましたことを深く感謝しています。また、前述した相模原市立淵野辺東小学校校長の大村和明様、および、川崎市立西菅小学校校長の坂本智子様、また研究授業に参加いただいた両校の先生方、そして資料提供にご協力いただいた光村図書出版株式会社道徳課課長・編集長の加藤麻里様には、この稿を借りて心よりお礼を申し上げます。

二〇〇八年十一月

現代教育文化研究所

代表　**小川信夫**

【資料】小学校学習指導要領（平成二十年三月公示）より抜粋

第3章　道徳

第2　内容

道徳の時間を要として学校の教育活動全体を通じて行う道徳教育の内容は、次のとおりとする。

〔第5学年及び第6学年〕

1．主として自分自身に関すること。

(1) 生活習慣の大切さを知り、自分の生活を見直し、節度を守り節制に心掛ける。
(2) より高い目標を立て、希望と勇気をもってくじけないで努力する。
(3) 自由を大切にし、自律的で責任のある行動をする。
(4) 誠実に、明るい心で楽しく生活する。
(5) 真理を大切にし、進んで新しいものを求め、工夫して生活をよりよくする。
(6) 自分の特徴を知って、悪い所を改めよい所を積極的に伸ばす。

2．主として他の人とのかかわりに関すること。

(1) 時と場をわきまえて、礼儀正しく真心をもって接する。
(2) だれに対しても思いやりの心をもち、相手の立場に立って親切にする。
(3) 互いに信頼し、学び合って友情を深め、男女仲よく協力し助け合う。

(4) 謙虚な心をもち、広い心で自分と異なる意見や立場を大切にする。
(5) 日々の生活が人々の支え合いや助け合いで成り立っていることに感謝し、それにこたえる。

3．主として自然や崇高なものとのかかわりに関すること。
(1) 生命がかけがえのないものであることを知り、自他の生命を尊重する。
(2) 自然の偉大さを知り、自然環境を大切にする。
(3) 美しいものに感動する心や人間の力を超えたものに対する畏敬の念をもつ。

4．主として集団や社会とのかかわりに関すること。
(1) 公徳心をもって法やきまりを守り、自他の権利を大切にし進んで義務を果たす。
(2) だれに対しても差別をすることや偏見をもつことなく公正、公平にし、正義の実現に努める。
(3) 身近な集団に進んで参加し、自分の役割を自覚し、協力して主体的に責任を果たす。
(4) 働くことの意義を理解し、社会に奉仕する喜びを知って公共のために役に立つことをする。
(5) 父母、祖父母を敬愛し、家族の幸せを求めて、進んで役に立つことをする。
(6) 先生や学校の人々への敬愛を深め、みんなで協力し合いよりよい校風をつくる。
(7) 郷土や我が国の伝統と文化を大切にし、先人の努力を知り、郷土や国を愛する心をもつ。
(8) 外国の人々や文化を大切にする心をもち、日本人としての自覚をもって世界の人々と親善に努める。

著者紹介

小川信夫

川崎市総合教育センター所長，玉川大学学術研究所客員教授を経て，現在，現代教育文化研究所代表。元 NHK 道徳 TV 番組ライター。全人教育の立場から演劇部門に携わり，青少年向け作品を書く。平成十八年度舞台劇「多摩川に虹をかけた男」で斉田喬戯曲賞受賞。日本芸術振興財団演劇専門委員，文化庁文化政策推進会議演劇専門委員，文部科学省道徳資料作成委員等歴任。日本児童演劇協会常任理事，日本児童劇作の会顧問，日本人間関係学会，国語教育学会等に属し，教育文化活動に従事。平成二年度川崎市文化賞受賞。

最近の主な著書に『親に見えない子どもの世界』『情報社会の子どもたち』『少子家族・子どもたちは今』『溶ける家族と子どもたち』『さわやかマナー』（以上, 玉川大学出版部）『子どもの心をひらく学級教育相談』『学級づくりハンドブック』『いますぐ取り組む学級の安全管理・危機管理』編著（以上，黎明書房）等，多数。

＊イラスト　伊東美貴

道徳《どうとく》の授業《じゅぎょう》が100倍面白《ばいおもしろ》くなる道徳朗読劇《どうとくろうどくげき》の指導《しどう》

2009年 2 月20日　初版発行

著　者　小《お》　川《がわ》　信《のぶ》　夫《お》
発行者　武　馬　久　仁　裕
印　刷　株式会社　太洋社
製　本　株式会社　太洋社

発　行　所　　株式会社　黎《れい》　明《めい》　書《しょ》　房《ぼう》

〒460-0002　名古屋市中区丸の内3-6-27　EBSビル
☎052-962-3045　FAX 052-951-9065　振替・00880-1-59001
〒101-0051　東京連絡所・千代田区神田神保町1-32-2
南部ビル302号　☎03-3268-3470

落丁本・乱丁本はお取替します。　ISBN978-4-654-01816-1